京都の喫茶店

昨日・今日・明日

木村衣有子

平凡社

イノダコーヒ本店

喫茶ソワレ

喫茶マドラグ

進々堂

ゼンカフェ

LAMOTTE
BEUVRON
LICHONNEUX DE TARTE TATIN
Histoire
(L.-et-C.)
Sologne et son passé

ラ・ヴァチュール

六曜社

フランソア喫茶室

カフェ・ヴィオロン

カフェ・デ・コラソン

カフェ・ヴェルディ

ウィークエンダーズ・コーヒー

アカツキコーヒー

高木珈琲

ガルーダコーヒー

京都の喫茶店

昨日・今日・明日

はじめに

二十代半ばの三年間、京都の喫茶店でウェイトレスをしていた。

待ち合わせ、打ち合わせ、暇つぶし、とことんお喋《しゃべ》り、仲違い。喫茶店という場所で人はどう過ごすのかをずうっと見ていた三年間だった。

観光にやってきたお客さんがまとっているうきうきした空気に取り巻かれ、その一方で、地元のいつものお客さんが、なんてことない表情で腰掛けているのを見て我に返る。

ハレとケ、どちらも背中合わせにあるから京都は面白い。

京都に暮らしていた頃にそれに気付いていたかどうか、いや、あらためて自分の住む街を分析してみようという余裕は持ち得なかったに違いない。

八年のあいだ京都に住んでいて、その最後の年に『京都カフェ案内』という本を書いた。それから十二年経った今、再び京都の本を書いている。

やっぱり「カフェ」でなくて「喫茶店」で働いていたのだなあと実感する機会はしばしばあったから、今度はタイトルに「喫茶店」と付けることにした。

二〇一三年の晩春から梅雨入りまでのあいだ、十五軒の喫茶店のあるじに「継ぐということをどうとらえていますか」「なぜ喫茶店をはじめたのでしょう」「どんなコーヒーをおいしいと思いますか」などの質問を投げかけてまわった。

『京都カフェ案内』で取材した中には、今でももちろんある喫茶店も、もうなくなってしまった喫茶店もある。そして私が京都を離れてから今までのあいだに開店した新しい喫茶店も数多《あまた》ある。街は新陳代謝を繰り返しつつも「古くていいもの」をちゃんととっておいてもくれている。それが京都のよさのひとつだと思う。

京都の喫茶店　目次

『京都カフェ案内』から

文中上記の「『京都カフェ案内』から」というマークがある箇所は、二〇〇一年刊行『京都カフェ案内』（平凡社）からの再録部分です。二〇〇一年当時の雰囲気を楽しみながらお読みください。

先斗町歌舞

INODA COFFEE

イノダコーヒ本店

「京都の朝はイノダコーヒの香りから」

なんときっぱりしたキャッチフレーズだろう。

その『イノダコーヒ』でコーヒーを注文すると、必ず、コーヒーにはお砂糖とミルクを先にお入れしてよろしいですか、と確認される。私は、はい、と頷《うなず》くことにしている。『イノダ』のコーヒーとはそういうものだ、と思っているから。でも初めからそういう風に素直に頷いていたわけではない。以前は、ミルクだけ、ブラックで、などと、自分の好みのほうへとコーヒーを引き寄せようとしていた。

ある朝、本店は旧館にて、周りのお客の注文に聞き耳を立てていたら、ブラックは二人、ミルクだけという人は三人で「両方入り」は私の他はひとりだけだった。たしかに私も他の喫茶店ではたいていコーヒーはブラックで飲む。でも、砂糖とミルクが入っているコーヒーがやっぱり「イノダ味」だと思えて、そうやって飲むと『イノダ』に来ているんだな、という実感が増すようになったのは、いつの頃からか。

連れとの話や、手元の新聞や雑誌に夢中になって、放っておかれたコーヒーが冷めてしまってからミルクや砂糖を入れるとすんなり混じり合わず、おいしくないので、あらかじめミルクと砂糖をコーヒーに入れて運んでくるスタイルが定着した、そういわれている。初めから両方とも入れてあったほうが、より贅沢《ぜいたく》なものに感じられるというのもあったかも、というのは私の想像だ。

コーヒーが注がれるぽってりしたカップには、向かい獅子《じし》の絵があしらわれている。お冷や用のコップには赤いポットのマーク。また、コーヒー豆を入れる缶には「豆を運ぶロバと男」の絵が描かれている。これらは全て創業者の猪田七郎《いのだしちろう》さんの手によるものだ。

創業は一九四〇（昭和十五）年で、当時は『各国産コーヒ専業食料品卸猪田七郎商店』としてはじまった。十五席の喫茶室が作られたのは一九四七（昭和二十二）年だ。

三十周年を迎えた年の新聞（※1）に、七郎さんへの聞き書きが載っている。〈コーヒー店を経営する画家〉とある。二科会（※2）の会員で、東郷青児《とうごうせいじ》（※3）に師事していたとも。

コーヒーについて語られるくだりは、今の京都のコーヒー事情とも相通ずるところがある。

〈京都の人は舌が肥えていますから、いい加減な味のコーヒーでは客がついて来てくれまへん〉

そう、そう。

〈全国的に見て、平均してうまいコーヒーが飲めるとこ、といえますな〉

たしかに。

〈とびきり上等のを金をようけ出しても飲もうという人は、あまりいまへんなあ。そこそこの味のもんを、そこそこの値段でたっぷり飲めればいい、といったところで、このあたりは東京なんかとは違いますね〉

「そこそこでたっぷり」というのはいかにも日常のもの、である。コーヒーは、極上でちょっぴり、

コーヒー豆用の缶にあしらわれた「豆を運ぶロバと男」の絵

でもよしとするハレの飲み物ではないのだ。それだけ、コーヒーはしっかりと京都の日常に組み込まれてきた。

『京都カフェ案内』から

「どうぞ、入ってお待ち下さい」 談◆松本定治

僕はちょうど二十歳で入社して、二十五歳までの五年間、本店の二階にお世話になっていました。家も中京区で近くやったけど、兄弟が多いのでどっちみち、遅かれ早かれ出ていかなならんのでね。で、ここに住んでたんです。何しろもう、朝が早いでしょ、七時開店やけど、お客さんが六時半頃から来たはりましたから。「早う、早う」言うて、ほんま表で待ってはるんです。せやからコーヒーはもう七時からしか出せへんけど、僕らが起きたら、もう店内に入って待ってもらってました。いまでもそうですけど、昔と違《ち》ごて、常連さんより観光客の方がこの近所のホテルから、うちのモーニング食べたいってお見えになるんです。やっぱりちょっとでも早う開けて「どうぞ、入ってお待ち下さい」と、そういうような形で、自然にね、入ってもらうようにしてます。

その当時、本店は、七十人くらい座れましたね。それでお客さんは一日、

千人。もうほんまにすごかったですよ、こんなに流行《はや》ってる店。朝から晩まで、もう千杯以上のコーヒー。いまと違ってね、日曜祭日はがらがらになりましたけど。ここの近くに「錦市場」がありますよね、錦のご主人方が朝、うちのコーヒー飲んでから仕事行くんです。ほんまにそういう方は、もう毎日、二回から三回くらい、楽しみにしてコーヒー飲みに来はるんです。僕らは一生懸命コーヒー運んで。ここへ寄って、商談とかいろいろやってはりました。来たはる人は皆社長ですから、休みになったらぱりっとした格好して、ものすごいええ車乗ってね。びっくりしました。

で、本店一年して、四条の地下一階のお店に、転勤したんです。京都大丸の隣、証券ビルの地下…私がイノダ入った三十四年前は、地下一階しかなかったんです。朝九時開店なんですけれど、八時四十五分にほとんど満席になって。大丸の方やら、この界隈、四条烏丸は京都のいわゆるビジネス街ですしね。それで九時過ぎに、会社のえらいさんが帰らはった後に、今度は、だいたい一時間、九時四十五分までに、社員のえらいもん順から、会社の人がコーヒー飲みに来て、もう、本店もそうやったけど何でこんなに忙しい店かなと思って。しかし、四条通でほんまにとびぬけた、ホテルがそのまま来たみたいな感じの店でした。うちみたいな店、四条大宮から祇園まで探してもなかったですよ。いまはだいぶ古なりましたし、改装してしまいましたけれど、開店当初のときはほんまびっくりする程の店でしたね。せやから、来はった来はった、ほんまにお客さんぎょうさん来はりましたよ。そこには三十二年いまして、本店には去年の二月に帰ってきたんです。

うちは、老舗《しにせ》と言われるのはおこがましいけど、一店舗を建てはるときに、計画練って、これやったら満足していただける、いうような建物ばっかり建ててきたはずだから、そう簡単につぶしてまた建て直すいうことはできませんしね。あずかった以上、働く以上、やっぱり全従業員が「流行らさんとあかん」いうような感じで一丸となって、いままでやってきましたし。おかげさんで、ねえ、よう流行ってます。せやけど、長いことやっていこう思ったらやっぱり、店舗どんと構えて「どうぞ来て下さい」というのが、お客さん商売の基本や、思うんですよね。お客さんあっての商売やしね。常連さんは常連さんでやっぱり、お客さんですしね。これは一線を引いて、常連さんだからといって馴《な》れ馴《な》れしくならないようにきっちり、応対さしてもらってます。ちょっとでもおかしな態度で接したらやっぱり皆が注意する、し合うようにしてますし。僕だけ違ごて、皆が。自然とできんとね。命令口調でするようでしたらもうやっぱり自然に出てきませんから。かしこまったサービスと違いまして、自然にお客さんと接してるか、そういう風に心がけてずっとやってきたつもりです。だから、うち来てもろたら感じええと思いますよ。

松本定治さんは、その後十一年間は取締役総店長を務め、今年から顧問になった。

『京都カフェ案内』で話を聞かせてもらった十二年前と今とで『イノダ』はどこか変わったところがあるか、どうだろう。

「常連さんがね、だんだん、みんな他界していかはります。もう寂しいですわ、ほんまに」

なんと返していいか、ぐっと詰まるが、いつもの朝、といった体《てい》で新聞をばさっと広げているおじさんたちが席を埋めているのが開店間もなくの『イノダ』本店らしい風景だったはずだったけれど、少しうきうきした様子で地図を広げるおばさんや、大きなカメラをぶらさげた女の子など、旅先にての朝を体一杯に味わおうとするお客たちのほうが今では目立つのはほんとうだ。

「ここに来んのが日課で、朝早う起きて、車で来て、ここで一時間程ゆっくりして、帰らはる。ほんでまたお昼に来て、また三時頃来て。一昔前は、こういう方が、たくさんおられたけれどねえ、気が付いたらみんな他界されてて、ほんま寂しいです」

京の朝食。「京」は「京都」でもあり「今日」でもある

お葬式では、カップにコーヒーを入れてお供えするのだと松本さんは言った。

もちろん、常連、という存在が全くなくなるはずはない。

「毎日来られへんねんけど、三日に一回とか、一週間に一回とか、こういうようなお客さんがきっちり来てくれてはる。せやからうちの店、こんな大きい二〇五席持ってても一日中絶えず埋まっております。ちょっと待っていただかんならんくらい来ていただいて、ほんまに有難い店や思ってます」

わくわくしながら大きな鞄を携えて京都にやってくる人たちにとって、旅先で確実に朝、親切にしてもらえる場所があるのはやっぱり有難い。ゆっくり地図を広げられる、幸先よく一日を過ごせそうだと思える場所が。

「京都の大学で過ごされて、イノダに何回か来られて、ええ思い出があった」という人が卒業後に全国に散ってゆき、のちに京都を『イノダ』を再訪する。そういうお客は少なくないという。京都には大学が数多ある、そのことは古くからある喫茶店が長く賑わう理由のひとつでもある。

松本さんの話の中にはしばしば「うちの先代」と呼ばれる人が登場する。七郎さんのことだ。その呼びかたにはしんみり愛着がこもっている。他界して二十年が経つ七郎さん、残念ながら私は直《じか》に会ったことはないのだけれど、話を聞く度に、胸中で存在感を増していく。

「イノダはんはいつも忙しいな」 談・松本定治

うちの先代はモダンな方でね。コーヒーの卸してましたもんで。戦争に行かれて、帰って来られて、卸でやるとあっというまに二、三か月で豆がなくなるので、喫茶やったら二、三年保《も》ついうことではじめました。世の中落ち着いたらまた豆も入るやろ、いうような考えかたをお持ちで。また、もののない時分で、コーヒーの豆いうとほんまに貴重な、お金出しても買えないような状況でしたので、よそさんは、芋《いも》の蔓《つる》とか代用品を煎《い》って、コーヒーに似せて出したいうようなことを、僕は先代の一番弟子、猪田彰郎《あきお》はん（※4）からよう聞かしていただきました。自家焙煎《じかばいせん》で、それが売りで、僕が入った四十七年前は、うちの先代が、朝から晩までやったはりました。そのあいまに一所懸命絵を描いて。二科会のええとこまでいったはりました。東郷青児さんも年に二、三回、うちの先代に会いにきたはりました。

　僕らはもう店守るのが務めや思ってましたからね、ずうっと。そやからやっぱり任された以上はみんな一所懸命頑張って、一人前の店に今までなってきましたし、またお客さんにも応援していただきましたし。

　この雰囲気よそで味わおうとしてもないと思うんです。どこ探しても。こんな風に広い空間で、何時間居てても帰れ言われへんし。うちに来てもろてコーヒー飲んでもろたら、雰囲気で、数段違うと思います。

　ほんまにお仕事自体は、ものすごく単純でしょ。小ちゃい子どもでも、コーヒー運べゆうたら運べる。しかし人と人のつながりがある、これがたいへんやと思うんです。やっぱりお客さんを裏切られへんし。いつもそう思って仕事してきました。

「イノダはんはいつも忙しいな」この言葉がいちばんうれしいです。

※1　引用　一九七七年六月五日付朝日新聞

※2　二科会　一九一四（大正三）年、文部省美術展覧会から分離し、在野の美術団体として、有島生馬、山下新太郎、梅原龍三郎、坂本繁二郎など洋画家を中心に結成された。

※3　東郷青児（一八九七〜一九七八）画家。鹿児島生まれ。十代後半から竹久夢二が営む雑貨店『港屋』で多忙な夢二の代わりに商品用の絵を描く。十九歳で「パラソルさせる女」を第三回二科展に初出品し、入賞する。戦後、二科会を再建させ、一九六一年には会長となる。叙情的な美人画に定評がある。「大衆に愛されるわかりやすい芸術」を目標に

壁画から化粧品のパッケージまでを手がけた。

※4　猪田彰郎（一九三二〜）『イノダコーヒ』を創業した猪田七郎さんの甥にあたる彰郎さんは十五歳から『イノダ』で働きはじめた。一九九七年に退職したのちは、コーヒー卸「アマノコーヒー」の相談役を務めるなど、コーヒーの仕事を続けている。北大路『はしもと珈琲』では「アキオブレンド」を取り扱っている。

TEA ROOM SOIRÉE

喫茶ソワレ

京都の少し昔のことを書くのに常に頼りにしている本がある。臼井喜之介《うすいきのすけ》『京都味覚散歩』だ。そこには開業して十数年後の、四条木屋町『喫茶ソワレ』の風景が記録されている。舞妓さんが二階席に腰掛け、コーヒーを前に微笑む写真が載っている。

店を出てすぐそこに先斗町《ぽんとちょう》、鴨川を渡れば祇園、はなやかな場所にある喫茶店ならではの光景だ。『京都味覚散歩』には〈ここの特色は、全く音楽をやらないこと。ジャズは勿論クラッシックもやらない。これは全く珍しいことで、喫茶店といえば大なり小なりレコードをやるのが普通なのだが〉とある。かつて、喫茶店とは音楽を聴きに行く場所でもあったということが分かる。

壁にかけられた東郷青児の美人画を青色の明かりが照らして、お喋り声がそれをつつむ。それが当時の『ソワレ』の風景だ。それは私が知る今の『ソワレ』の姿とも、ぴったり重なる。

『京都カフェ案内』から

珈琲の香にむせひたるゆふへより　夢見る人となりにけらしな

いまがカフェ・エイジならば、昭和三十年代は喫茶店の全盛期。その頃の四条木屋町界隈には、百メートルも歩く間に五軒六軒という程に、喫茶店が林立していたらしい。元木《もとき》英輔《えいすけ》さんが学生時代によく足を運んでいたのは『るーちぇ』『田園』などの名曲喫茶、またはラテン音楽をかける店だったそう。しかし『喫茶ソワレ』には音楽は流れていない。雰囲気づくりを音楽に頼らずとも、じゅうぶんにムードのあるカフェだ。独特の青い照明は、夜が深まっていくほどに輝きを増す。

「ソワレ／soirée」はフランス語で「夜会／夜会服」のこと。フランス人の女性の方が見えて「ソワレというのは、素敵な夜という意味がありますよ」と言われたこともあるという。『喫茶ソワレ』も創業当時は、夜の一時か二時まで営業していたとのこと。昭和三十年くらいに、東京から来たお客さんが「京都の四条通はずいぶん遅くまで店を開けてますね。この時間、銀座の表通りは真っ暗ですよ」とびっくりしていた時間が、十時か十一時頃だったとか。

趣味人の結集　談・元木英輔

四条通からちょっと北へ入って新京極へまわる、花遊小路《かゆこうじ》に『元木屋』という趣味雑貨と書籍・雑誌の店がありました。私の祖父がつくった店で、『喫茶ソワレ』の先代にあたる私の父が二代目。父がこの場所に喫茶店を

2階の窓際にはぶどうをかたどった照明が置かれている。窓の外には大きな桜の木がある

開いたのは、昭和二三年です。この店の特色である壁面や柱など全面的にほどこされた木彫は、父の美術に対する趣味で、東郷青児さんの絵が好きだったのと一緒です。やっぱり木には、触ってみなくても、見ただけでも独特の温かみがあります。木彫は、父の釣り友達でもあった池野《いけの》禎春《さだはる》さんの手によるものです。池野さんは、日本人のほんのひとにぎりしかヨーロッパへ行けない時代にフランスで修行してきたので、二階の階段のところのバッカス像や、一階のトイレの取っ手の牧神のような、西洋風な趣味のあるモチーフができる方でした。

照明をブルーにするにあたっては、色彩論の専門の上村六郎《うえむらろくろう》先生という方にアドバイスをいただいたそうです。私の代になってからこの店に見えたとき「私はいろんな人に会うと、この店のブルーの照明は女性がきれいに見えるって宣伝してるんですよ」とおっしゃっていました。私は、開店のときはまだ学生だったので、そこまではわかりませんでしたけれども。金沢の旧制高等学校を出て、それから入った京大の農学部水産学科は当時、本拠が舞鶴にあったんです。休暇になって「ただいま帰りました」とあいさつに来ると、父はたいがいレジの横に座っていて本でも読んでいました。「コーヒー飲んでいけよ」と言われてね、当時、お客さんは年配の人が多くて、ちょっと気後れしましたので、目立たない席でコーヒー飲んで。お店に来たら東郷さんが父と喋っていたことが一度だけありました。こちらはまだ学生で、東郷さんはもう有名な大家でしたので、あいさつをしただけです。印象は、豪傑という感じでした。実際「二科会」を旗揚げして自ら会長になっておられるくらいですから、豪傑なんでしょうけれど。歌人の吉井勇《よしいいさむ》さんも、作家活動としてはずっと京都におられて、祇園の芸者さんをつれてここへよく見えていました。「先生、一首お願いできませんか」「うん承知した」ということで、「珈琲の香にむせひたるゆふへより　夢見る人となりにけらしな」、うちの為に詠んでいただいた歌です。

私がもし若くて、一軒の店を建てる力があったとしたら、やっぱりこういう店にします。

二十年程前には、香蘭社《こうらんしゃ》（※）に特注して、東郷青児の絵をあしらったコーヒーカップもつくったそうだ。いまでも表のショーウィンドーに飾ってある。

彼の油彩のようにゴージャスな美人ではないものの、タンブラーやマッチやコースターにあしらわれている線画のように、さらっと可愛いつもりのウェイトレスは、店名の刺繍《ししゅう》が胸元にほどこされた制服を着た総勢約十五名、私もその一員。

写真の「ゼリーポンチ」（3ページ参照）をはじめとした、美しい五色のゼリーを使ったメニューは、客席にて喜ばれることが多いので運ぶのがちょっと楽しみだ。私たちのカレンダーは、二階の窓から見える大きな桜の木、何といっても花の咲く四月は、薄ピンクのまぶしい桜の花は雪明かりのように店内を照らし、次々にやってくるお客さんが自動ドアを開けると一緒に花びらが舞い込んでくる。出勤してくる度に改めてはっとするほどきれいで、かつそれに見とれている場合じゃない忙しさ、目まぐるしい春の夜の夢。

東郷青児の美人画は『ソワレ』の店内に飾られているほか、看板、コースター、お冷や用のコップなど、あちらこちらにあしらわれている。照明が青色であることと、東郷「青」児と縁が深いことは、偶然なのか、あえてそうしたのか、今では知る由はない。しかしどちらもこの店の個性をはっきりと形作っている。

東郷青児が『ソワレ』のために描いた線画をあしらった看板

戦前、東郷青児は、京都駅前にかつてあった「丸物《まるぶつ》百貨店」の大食堂の壁画などを手がけ、さらに『ソワレ』の開業から数年後、河原町三条の「朝日会館」の壁画を制作していた。東郷青児の絵にいろどられたお店といえば、東京は池袋の『タカセ洋菓子店』や自由が丘『モンブラン』などもあるが、京都で彼の絵に親しめるのはもはやここだけだろう。

ご近所の『みゅーず』が七年前に閉店し、四条木屋町界隈からは残念ながら喫茶店は減る一方だ。そのせいか、白昼にも青く発光する、とんがり屋根の『ソワレ』がますます浮世離れして見えてしまう。

京都の喫茶店年表を作っていて、二代目の元木英輔さんは、先代よりも長いこと『ソワレ』をきりもりしているんだな、と気が付いた。

「とっくに越えました。父は二十五年やってます。私が跡継いで二十五年経ったときが、気持ちの上での節目でした」

その節目というのは一九九八年で、折しも、私が『ソワレ』で働きはじめた年だ。当時からコーヒーカップは有田の「香蘭社」製だったのはおぼえている。

「香蘭社のコーヒーカップは先代からです。ここで喫茶店はじめた頃、この瑠璃《るり》色が好きで選んで、それからの付き合いです。私は、器も、絵画を含む美術品も、喫茶のことも、なんにも、全く知らずに跡継ぎました。そのうちに目がひらけてくるかもしらんなあ、と。なにも変えずに数年いこう、やってみよう」

数年、と想像された時間のはずが、いまや数十年重ねられている。その中に、わずかながらも自分の身を置くことができたことが、とてもうれしい。この店で働いていなかったら、喫茶店の本を書いてみよう、なんて思いはしなかっただろうし、また、書けなかったにちがいない。

※香蘭社　日本で初めて磁器が作られた有田の代表的な磁器メーカー。一八七五（明治八）年、陶工、絵付け師、陶商らの結社として佐賀県有田町に創業した。食器の他、碍子やファインセラミックなども手がけている。

LA MADRAGUE

喫茶マドラグ

晴れがましく、新たに開店する喫茶店もあれば、その日々の営みに幕を下ろす喫茶店もある。ここ十年のうちに閉店してしまった京都の喫茶店は少なくない。そのうち一九六三（昭和三十八）年創業、押小路《おしこうじ》通沿いの『セブン』は、前を通りがかりはしても、入ったことはなかった。そういう店の閉店の知らせを聞くと、悲しい、というのではなくて、やりきれない心持ちになる。少しでも気になった喫茶店のドアはそのときに開けてみないといけないのだ。

一九五四（昭和二十九）年創業の、高瀬川沿いの『みゅーず』は二〇〇六年に閉店した。『みゅーず』と目の鼻の先の『喫茶ソワレ』にてウェイトレスをしていたこともあって、ここにはずいぶんと通い詰めた。この界隈の喫茶店が色濃い個性を競い合う中で『みゅーず』は比較的、あっさりした印象の店だったと記憶している。素っ気ない、というのではなくて。

喫茶店ではないけれど、その『みゅーず』からほど近くで『フランソア』のご近所にあった洋食店『コロナ』も一九四五（昭和二十）年から六十七年間の歴史に幕を下ろした。『コロナ』といえばサンドイッチだった。ここのえらくたっぷりした玉子サンドをお土産にもらって、みんなで分け合って食べたことがある。みんな、というのはどの集まりだったか記憶がおぼろげだが、やっぱり『喫茶ソワレ』で働く仲間たちだった気がする。

古本屋で三十年前の京都を語る文庫本を見つけた。そこには往事の『コロナ』を営む夫妻の様子が、こうえがかれている。

「あたり前の手つきで、あたり前においしいものをつくっていて、特にはしゃぐ必要もないという感じなのだ」(※1)

『セブン』が復活したらしい、との噂を聞いた。また『みゅーず』の椅子とカトラリーを使っている店がある、とも。さらには『コロナ』の玉子サンドを受け継いで作っている店があるらしい、と。

それらの噂を辿っていくと、一軒の喫茶店に行き着いた。かつて『セブン』があった場所だ。かつてのセブンの看板はそのままに、その傍らに『マドラグ』とある。

「ずっと喫茶店好きなんで、なにかそれに携わることとは考えてたんですけども、意識して集めたり、蒐集《しゅうしゅう》していたわけではなかったんです。タイミングよく譲ってもらったものを使うことになったんです」

『マドラグ』のあるじ、山崎三四郎裕崇《やまざきさんしろうひろたか》さんは言う。

『セブン』に入ったことはないのに、コーヒーを飲むと、ああ、懐かしいなあ、と思う。「京都の古い喫茶店」の味がする。たとえるならば、磨りガラスの向こうを覗くような味か。輪郭のぼやけた風景を眺めていると、もどかしさが嵩《こう》じて、切なくなってくる。飲んでいるこちらを感傷的にさせる、カップを空けるまでは少しはめそめそした気分になっていてもいいよ、と肯定してくれるコーヒーだと個人的には思う。

パンに玉子をはさんだ、というよりも玉子がパンに支えられている、といった風情の玉子サン

見た目にもたっぷりした玉子サンド。ひと皿に玉子は４個使われる

ドが運ばれてくると、そんな感傷はいっときふっとんで、やっぱりすごいなあ、と圧倒される。そういや、京都の喫茶店で玉子サンドを注文すると、茹《ゆ》で卵をマヨネーズで和《あ》えた具ではなく、オムレツが挟《はさ》んである場合が圧倒的に多い。なぜだろう。山崎さんに尋ねてみて、具がこぼれにくく食べやすいという説、玉子を沢山使う贅沢さが喜ばれた説、などをふたりで検討してみたが、これだ、というきっぱりした結論は出なかった。この不思議、今後も探求してみたい。

たまたま浮いてた木にとまる

談●山崎三四郎裕崇

寺町六角に『嵯峨野《さがの》』という店があったんです。そこで僕の親父がバーテンやってたんです。ちっちゃい頃に親父に連れられていったりしてて、子どもの頃から喫茶店はすごく好きでした。

『セブン』の先代のマスターの息子さんの同級生が不動産屋さんをされていて、その方と面識がありまして。僕は前の仕事で、町家を再生させたり、地域の活性化も込みで街づくりの活動をしていて、ここもなるたけ残したいという考えがあった。二〇一一年の六月に見に来て、その日に家内とふたりで話し合って、やることにしたんです。そして九月にオープンしました。

マスターの息子さんから「セブン」という名前は使わないようにと言われました。きっと『セブン』時代のお客さんに、前と比較されたり、いろいろ言われるやろから「君らはもう君らの好きなようにやったらいいよ」。言い方はぶっきらぼうなんですけど、僕らを思ってそう言ってくれはって。でも看板は残していいですか、と話をしたら、それは喜んで下さった。『セブン』は何十年も来てる常連さんばっかりの店で、昔はスポーツ新聞があってテレビがあって、週末はみんなここに来て競馬やってはったそうです。

ブレンドコーヒーは『セブン』で使われていたコーヒー屋さん「ダートコーヒー」に連絡して、限りなく『セブン』のブレンドに近いものを用意してもらってます。コーヒー屋さんとしては、まるまる同しものは、それもさっきの話と一緒で、比較されてしまうんで、限りなく近いものではどうでしょうか、ということで。でも常連さんから言わすと「もう一緒、一緒」。そのブレンドはネルドリップで十二杯立てですね。古い喫茶店はけっこうそうしているところが多い。ネルドリップ

の場合は一杯立てよりも多めに立てたほうが味がまろやかになります。例えば『フランソア』もネルドリップの十杯立てです。昔は、やっぱりお客さんに早く提供したいというのが大きかったんじゃないですかね。コーヒー屋さんからの提案もあったでしょうし、一杯ずつ落とすっていう考えはなかなかなかったみたいですね、昔は。

うちはカフェではなくてあくまでも普通の街の喫茶店です。コーヒーが早く出てきて、居心地がよくって、あまり僕らの考えを主張せずに、お客さん中心のお店づくり。

十年くらい『さらさ』(※2)でカフェの仕事をしていて、最終的に自分の考えが行きついたのが、自分から文化を発信していく仕事よりも、人のとまり木になることでした。カフェよりも喫茶のほうが、子どもの頃からよく行ってたこともあって、馴染みがあるというか。『さらさ』はカフェでうちは喫茶店で……なにが違うかって言われると、そうですねえ。どこかの島を目指していくのがカフェならば、たまたま浮いてた木にとまるのが喫茶店ではないかと。

カフェは自分たちから、こういう風なコンセプトで、こんなコンサートがありますよ、こんな展覧会がありますよ、と、自分たちの考えやカラー、文化を発信していくのがカフェなんではないかと思うんですよ。実際僕もそのようにしてましたし。

喫茶店はそういうのではなくて、あくまで、人の生活の一部、生活の延長にあるものなので、どちらかというと受け身の仕事ではあると思うんです。どちらにもいい部分があるんで、その日の気分でみんな使い分けてくれたらいいなと思うんです。

※1　引用『「食」――京都の誘惑』文藝春秋編（文春文庫）一九八三年刊

※2　さらさ　一九八四年に富小路三条の町家を改装してはじまったカフェ。現在は、花遊小路、西陣、三条商店街などにカフェ五軒と焼き菓子工房一軒を展開している。

SHINSHINDO

進々堂

朝というには遅く、お昼というには早い時間、いっとき腰掛けていたあいだにたまたま居合わせたお客の言ったことが、耳に残る。

ハットをかぶったおじいさんが、席を立って会計をしながら、レジに立つウェイトレスに話しかけている。ここに来るのは何年ぶりだろう、という意のことを。最後に「変わってないね、有難う」と彼女にお礼を言って出て行く。

また、テーブルをひとつ挟んだ向こうでは、私よりはやや年長かと思《おぼ》しきおじさんたちがお喋りしている。大学の関係者と見受けられる。おじさんのひとりは、出がけに会った誰かとのやりとりについてこう言った。

「進々堂行くって言ったら、懐かしいな、言うてはりましたわ」

一九三〇（昭和五）年に開店した『進々堂』は、百万遍《ひやくまんべん》の交差点を東にちょっと歩いたところにある。この百万遍界隈は学生街、京都大学の色に染められた界隈だ。京都にて学生時代を過ごした私ではあるが、通っていた学校はだいぶ街なかからは離れていて、ある意味都の西北に位置していた。だから当時、百万遍に行くことは、よその学校のエリアに踏み込むことでもあり、少々ものおじしたものだった。卒業をしてから『進々堂』に来る度に、自分の胸中から、学生気分がじわじわ抜けていくのを感じていた。いつからか、もうすっかり、そんな気分はない。さみしくはない。早く大人になりたいと思っていたから。でも、大人になるということはおばさんになることだと、当時の自分に耳打ちしておいたほうがいいような気はする。

もちろん、喫茶店という場所はおばさんにもおじさんにも、おじいさんにも、学生にもやさしい。『進々堂』四代目のあるじ、川口聡《さとし》さんとは、およそ十年ぶりに向かい合う。十年前と変わったところはありますか、と、川口さんに尋ねる。川口さんは、ははは、と笑って、からっと答えた。

「ほとんど同じですね。営業時間も同じなら定休日も一緒です」

十年前の私がまだ知らなかったことがひとつある。夭折《ようせつ》した詩人、立原道造《たちはらみちぞう》（※）が『進々堂』に立ち寄った日のことを書き残していたのだ。一九三八（昭和十三）年の記録だ。お店の名前はそれと記されていないけれども、描写からはおそらくここだろうと察される。

〈落ついたミルクホールのなかで噴水や藤棚のある中庭に光が斑にこぼれているのを眺めながら、牛乳をのんでいる。表のレースカーテンにはプラタ－ヌのかげがうつっていて、今は学校の授業中だから、学生が四五人いるきりでひつそりしている〉

立原道造は『進々堂』を、喫茶店、とは呼ばない。ミルクホール、とは今ではほとんど使われない言葉で、どんな店なのか想像し難い。先にビヤホールがあってそこから名付けられたそうで、川口さんも私も肌では知り得ないけれど、そういう名称のお店そのものが新しかった時代がかつてあったのはたしかだ。

「やっぱり当時の『ハイカラ』というイメージを代表するようなお店だったと思うんです。西洋文

右端のポートレイトは、二代目あるじの猟夫（さつお）さん

化、異文化、日本のものしかなかったところに新しい物を取り入れようとする、開拓精神が当時のそういった人たちを動かしたのだと思います」

当時は、それまで見たこともないような新しさに驚かされる店だったのが、今では、いつきても変わらないね、というのが『進々堂』への褒《ほ》め言葉となっている。

「どこかが壊れたら新しいものを取り入れるんじゃなくて修繕して、できるだけ同じ空間を残すようにしてます。まず、先代から譲り受けたものが好きじゃないと続かんと思うんですね。なにより、僕自身がここを好きです。そういう気持ちを持ち続けるかぎり、変わらんと思うんです」

変わらない、という印象を作っているのは「黒田さんがおっしゃるには二百年保つ」という、重厚な楢《なら》のテーブルだろうか。

黒田さん、というのは、木漆《もくしつ》作家の黒田辰秋《くろだたつあき》（一九〇四〜一九八二）だ。

黒田辰秋の父は故郷の石川で漆《うるし》を学び、京都へやってきて、漆塗りを専門とする職人、塗師《ぬし》をしていた。漆の仕事、というのは山へ入って漆掻《か》きをする、木で素地を作る、そこに塗られた漆の上に蒔絵《まきえ》を描く、それぞれ専門職に分かれているのが当たり前とされていたが、黒田辰秋はその全てをひとりでやってみたいと志す。ひとつのお椀、机、箪笥《たんす》をひとりで作り上げてみたい、と。

『進々堂』のために八の長いテーブルとそれに寄り添うベンチを作ったのは、彼が二十七歳のときだった。

「十数年前に愛知の豊田市美術館で黒田さんの作品展をやったときには、うちのテーブルと椅子も一セット出して、来場した人に座ったり触ったりしてもらってたんですよ」

他の作品はガラスケースにおさめられたり、柵の向こうにあって眺めるだけだったが、ここのテーブルと椅子はふだんのままに出張していったのだ。

もともとは拭漆《ふきうるし》で仕上げられていたそうだ。漆を薄く塗っては拭き取り、塗っては拭き取ることを繰り返し、木目を生かし美しく見せる技法だ。しかし大勢の人に触れ、年月を経て、すっかり塗られた漆ははげて、楢のもとの木肌がおもてに出ている。私が初めてここに来た十数年前にはすでにそうだった。だから、漆塗りの家に生まれ育った黒田辰秋のルーツには触れていないことになる。そのことが少し気にかかった。

「塗り直したほうがいいよ、やりましょか、と、漆の職人さんに言われるんですけども、あえて断ってるんです。ここまで時間かけてこういう色になったんだから、机だけぴかぴかに黒光りするのも変ですしね」

共に年を重ねてきた建物とテーブルがこれからもつつがなく調和していくように、それがこの店でいちばん大事にされていることなのだ。

※立原道造（一九一四～一九三九）詩人。東京生まれ。一九三七年に詩集『萱草に寄す』『暁と夕の詩』を出版。一九三九年に第一回中原中也賞を受賞するも同年に逝去。叙情的な作風で知られる。引用は『立原道造全集』第三巻（筑摩書房）の「長崎紀行」より。

ZEN CAFE

ゼンカフェ

ZEN
鍵善良房

『ゼンカフェ』は、祇園の和菓子屋『鍵善良房《かぎぜんよしふさ》』が、四条通を渡った南側、路地を入ったところに開いた喫茶店だ。だから「ZEN」イコール「善」、さらにいえば「禅」でもあろうか。

『鍵善』の歴史をたどれば、そのはじまりはおよそ三百年前だそうだ。京都に「喫茶店」があらわれるよりもずうっと昔である。『鍵善』本店の行灯《あんどん》には「くづ切り　菊寿糖」とある。菊寿糖は和三盆を材料にした干菓子で遠方へのお土産にも向いているものなのだが、くずきりは葛粉を湯煎して冷し固め、蜜に付けてささっと食べるというお菓子で、長くは保たないし、持ち運ぶためにはそれなりの容れ物が必要になる。お茶屋さんや料理屋からの注文に応えるために、くずきり専用の螺《ら》鈿《でん》の器が用意された。それをこしらえたのは、黒田辰秋だった。京大前『進々堂』のためにテーブルと椅子を作った翌年の一九三一（昭和六）年に手がけた「拭漆 欅 大飾 棚《ふきうるしけやきおおかざりだな》」は、『鍵善』に入ってすぐのところに置かれている。『進々堂』のテーブルと同じく、力強く、かつ、静かにそこにある初期の大作で、お菓子を求めに訪れた人だったら誰でも間近に眺めることができるのだ。

当代の今西善也《いまにしぜんや》さんに、黒田辰秋がその棚をこしらえた頃のことを聞かせてもらう。

「うちの設《しつら》えは全部やってもらうつもりやったみたいです」

全部！

当時のあるじは善造《ぜんぞう》さんといって、善也さんの祖母の兄にあたる。

「箪笥や照明は出来上がっていて、結局、途中で善造が亡くなったのと戦争が始まったので、中断して。善造が生きてたらどうなってたのかなあ、っていうのは分からないとこですよね。ほんとに彼の頭の中にあっただけのことだと思うので。時代が経って黒田さんも名が売れてきて、すごいものです。箪笥は本店にふたつ、入ったところの右と左に向かい合ってあります。当時は家が一軒建つくらいの値段やったそうです。あとになって大工さんに聞くと、そんな値段ではとても作れへん、と。それだけ見る目が、先見の明が善造にはあったんでしょうね」

善造さんは一九四二（昭和十七）年に三十代半ばにして夭折しており、善也さんは一九七〇年代の生まれだから、直に接したことはない。

『ゼンカフェ』では、今に生きて仕事をする、善也さんと同世代の陶芸家の手によるコーヒーカップや湯呑みが使われている。

「やろうとしてることが分かるし、一緒に話しても面白いし、勉強になることも多い」

黒田辰秋に店の設えを頼んだ善造さんも、そういうわくわくする気持ちを抱えていたはずだ。

それら器の中には西欧のアンティークを混ぜたり、テーブルも北欧のアンティークだったり和洋折衷、そもそも善也さんは「メイド・イン・キョウト」で店の設えを統一しようとはしていない。

祇園は、京都の中でも最も「京都らしさ」が凝縮されているところだ。古今、沢山の旅行者が訪ねてくる場所で生まれ育ち、家業を継いだ善也さんが考える「京都らしさ」とはどういうものなのだろう。

「今はね、京都は侘《わ》び寂《さ》びのイメージが強すぎるけど、派手で豪華《ごうか》絢爛《けんらん》な時代もあった。だから一言で、一面的なイメージでは京都をとらえられないのかな、と僕はよく思います。昔はオランダ、ポルトガルから来たカステラや金平糖《こんぺいとう》が取り入れられてたりだとか、おまんじゅうももともと中国から来たものですしね、そういう風なそのときそのときの時代のものを取り入れて、自分たちがいいなって思ったものを楽しむ、先進性があった。昔のものを残すってことはすごく大切なんですけど、京都はこうだからってイメージそのままに考えていたら硬直していってしまいます」

『鍵善』本店の飾り棚には河井寛次郎《かわいかんじろう》（※）がこしらえた花瓶や皿が置かれている。河井寛次郎は、京都は五条に窯《かま》を構えていた陶芸家だ。『鍵善』のお菓子を河井家に配達することもしばしばあったそうだ。

蒔絵師に弟子入りするも数か月で挫折して、この先どんな道を行くべきか模索していた十代後半の黒田辰秋は、三条河原町の画廊で寛次郎のやきものを目にする。そして二十歳になる年、大阪へ寛次郎の講演を聴きにいく。その帰り道、京都駅で寛次郎の後ろ姿を見かけた。同行の友人は、寛次郎と面識があった。寛次郎と黒田辰秋が初めて話をしたのは、京都駅前にあった『ハト屋』という喫茶店だったそうだ。

『ゼンカフェ』の窓際に置かれた花器はとろっと柔らかい釉《うわぐすり》の色つやが目に優しい。河井寛次郎の甥、河井武一《かわいたけいち》の作だ。

※河井寛次郎（一八九〇〜一九六六）　島根生まれ。東京高等工業学校（現・東京工業大学）窯業科を卒業後、京都市陶磁器試験場に勤務した後、五条坂の清水六兵衛の窯を譲り受け、住まいと工房を設ける。柳宗悦、濱田庄司らと共に民藝運動をはじめたことでも知られている。一九三七（昭和十二）年に「鉄辰砂草花図壺」がパリ万国博覧会でグランプリを受賞した。現在、自宅兼工房は「河井寛次郎記念館」として公開されている。

LA VOITURE

ラ・ヴァチュール

タルトタタンはフランス生まれの、りんごのケーキだ。

瑞々しい。上のほう、蜜のようなとろとろの部分はとても甘い。下に敷かれたタルト生地はその甘みを邪魔せずに裏方としてりんごが崩れ出さないように支える役割を全うしている。

『ラ・ヴァチュール』の二代目あるじ、若林麻耶《わかばやしまや》さんはおばあさんからこの店を引き継いだ。

「タルトタタンはりんごの旬の時期がおいしいと思われるんでしょうけど、必ずしもそうではなくて。りんごを生で食べるのと火を通すのとは全然違います。火を入れるから、りんごの水分を自然に飛ばしてからのほうが実はおいしいんですよね。一年間を通して味、食感も変わっていくというのもタルトタタンの面白さでもあると思います。こちらでコントロールするのは限界があるので、そういうものとして楽しんでもらえればと思うんです」

若林さんのおばあさん、松永ユリさんは一九一八（大正七）年生まれ、祇園にて画廊を営んでいた。その画廊は一九七一年に岡崎へ移り、隣にフランス料理のレストランも開店した。それが『ラ・ヴァチュール』である。開業して数年後にユリさんは渡仏し、そこで初めてタルトタタンというケーキを食べる。帰国してからしばらくはコックさんに作ってもらっていたが、やがてユリさん自身がこしらえるようになり、そののちレストランは喫茶店に変わる。

そもそもタルトタタンは、うっかりしたことからできあがったケーキだ。りんごのタルトを作る

松永ユリさん専用の席。お店に出られる日はここでお客を迎える

のに、タルトの台となる生地を型に敷き忘れてりんごだけをオーブンに入れた姉妹がいた。しばらくしてからはっと気付いて、タルト生地を上からかぶせてもういっぺん焼いてみる。天地が逆になったことによって、香ばしい、飴色《あめいろ》のケーキができた。姉妹の名がタタンだったことから、タルトタタン、と呼ばれている。姉妹が世を去ったのはおよそ百年前になるが、彼女たちが暮らした地方ではタルトタタンの愛好会も結成されている。

「ちゃんとした、お砂糖とバターで煮込んで作るものをタタンと呼びましょう、それを守りましょうっていう人たちの集まりなんですよ。好きで作っている人たちがみな持ち寄って、どれがおいしいか決めようっていうお祭りもあるんです。会のことを知って連絡をしたら、ぜひフランスへ来てほしいということで、おばあちゃんを招待して下さって」

ユリさんがフランスへ行っているあいだ『ラ・ヴァチュール』の留守番をしていたのが、美大生だった若林さんだ。

喫茶店をきりもりするのは決して楽な仕事ではない。体力的にも。メダルを手に無事帰国したユリさんだったが、八十代半ばだったユリさんには一日二台のタルトタタンを焼くのが精一杯だった。

「今までやってきたのがこのまま終わってしまうのはもったいないので、とりあえずどういうかたちであれタタンを残そうと思って。卒業するときに継いだような形です」

若林さんがこの店を引き継いだのは七年前だ。ユリさんとはそのときどういうお話をされたのか、尋ねると、ふわっと軽い答えが返ってきた。

「特に話してないです、ふふふ。継ぐと決める、というよりは流れで、いつのまにか」

継ぐ、という節目にはおおげさなやりとりなどは実は必要なく、そうやってすっとつながれていくものなのかもしれない。

ROKUYOSHA

六曜社

河原町三条に『六曜社』はこぢんまりとある。

窓のような水槽の横に入り口がある一階は『六曜社珈琲店』で、階段を下りたところのドアを開けると『六曜社地下店』。どちらも、奥野家が営む『六曜社』ではあるのだが、入り口は別々で、コーヒーの味も違っている。

十二年前の『京都カフェ案内』では「地下店」のマスター、奥野《おくの》修《おさむ》さんに話を聞いた。初代のあるじ、奥野實《みのる》さんの息子である修さんは一九八一（昭和五十六）年から地階の正午から午後六時までを任され、自ら焙煎したコーヒーを淹《い》れている。

もともと地階のみで一九五〇（昭和二十五）年にはじまった喫茶店だ。一九六六（昭和四十一）年に喫茶は一階に移り、地下はバーになった。今でも午後六時からは地下店はバーで、修さんの兄、隆さんがきりもりしている。

私が、自家焙煎、という言葉を意識しながらコーヒーを飲んだのは『六曜社地下店』がはじめてだった。それから、ドリッパーにペーパーフィルターを敷いて、挽いた豆を載せ、細口のポットでお湯を少しずつ注ぎ、一杯ずつコーヒーを淹れる、という行程を間近でまじまじと見たのもここがはじめてだ。それまでもどこかで飲んだり目にしたりという機会はあったはずだが、その経験はただ さらっと自分の上を過ぎていった。『六曜社地下店』のコーヒーは、その前をただ通り過ぎようとしていたこちらを、ふと立ち止まらせる。修さんに呼び止められたわけではない。彼はそんなおせっかいなことはしない。コーヒーの淹れかただって、これみよがしなオーバーアクションとはほど遠い所作だ。だからこそ、目を凝らしてみたくなるのかもしれない。このおいしいコーヒーはどうやって煎られ、淹れられているのか、その手がかりを探したくなる。

『京都カフェ案内』から

いま若者（含む私）の間では、深煎りを好む傾向が主流で、酸味のおいしさを理解していないのではという話を本で読んだのですが、そのあたり、いかが思われますか？

「すごくおいしい酸味のコーヒーは、本当はあるんですよ。おいしい酸味だと思えるようなコーヒーを出しているコーヒー屋があまりにもないので、酸っぱいコーヒーは嫌いということになるんですよね、多分。実際、酸味の美味しいコーヒーを出すのにはけっこう高度な技術がいるんです。うちにも一応酸味の残っているのはあるけど『これはどうだ！』というような酸味のコーヒーは、出してないですね（笑）。最初においしい酸味を含んでる豆を選んで、その酸味をきれいに残すという焙煎の仕方がすごく難しいんですよね。結局、飲んでおいしければ何でも良いんですけど。仕事にした場合は、もうちょっと突き詰めてわかっておかないと…ねぇ。」

コーヒー、ドーナツ、茶系統に緑のアクセント　談◎奥野修

だいたい二十四歳くらいから一階を手伝ったりしていたので、コーヒーの仕事をはじめてもう二十四年になるかな。コーヒー豆に対する趣向は、例えば深煎りがギンギンに好きなときとそうでもないとき、などは気分的にはちょっとあったりしますが、焙煎をはじめてからいままで、おおざっぱにいうと変わっていないですかね。僕が『六曜社地下店』のマスターになったのが、一九八五年くらいです。ドーナツはそのときから出していて、自分の子どものおやつということも考えながら…こってりしたケーキよりは、ドーナツの方が気軽だというのと、日常的であると。大阪の『平岡珈琲店』と、当時、高野《たかの》の方にあった『マスダコーヒー』とが、ドーナツに関しては、かなり勉強になりました。いろいろ作って、いろいろ詰めていって、この食感が良いなということに。

コーヒー豆は、いま十種類と、ブレンドが二種類、そしてスペシャルで出しているのが別にあります。スペシャルは、その時買えても次はいつ買

えるか分からないというような、定番にできそうにないものをちょっとストックしておいて、まわして出しています。
『六曜社』は、地下店だけで始まったのが一九五〇年。それから十五年後くらいに一階を借りて、そこがコーヒー店に、地下がバーになりました。そしてもう一度僕が、自家焙煎珈琲で地下店をやりはじめた訳です。そのときにちょっと改装しました。いまよりもっと暗かったので、階段を下りたところの右横の壁をくり抜いて窓にして、それからドアを全部ガラスにしました。ある程度、外からも開放感があるように。ここの客席からも、面している河原町通が見えるのが、地下なのに何かおもしろいですよね。あとは照明をちょっと上げて明るくしました。

タイルの壁は、焼いてもらったのは清水で、寺町三条の額縁屋さんが、同じ種類の大きいサイズのタイルを外壁に使っています。一階にコーヒー店をつくったときにたまたまこのタイルを使ったのですが、窯がかわってしまって焼けないみたいなので、もうこの色は出ないんです。もっと焦茶色の木が中心の内装だったら、もうちょっとレトロな雰囲気になっていると思います。意外とこの緑色のタイルのおかげで、最初から別にレトロでもモダンでもない、微妙な世界だなと、自分でも思いつつ…。

「僕は今回木村さんに報告したいことがひとつあって」

十二年前と比べてどうですか、とこちらが尋ねる前に、修さんが口火を切った。

「前回、酸味の質問をしたじゃないですか、ね。僕そのとき、酸味のおいしいコーヒーは難しいから出してないっていったでしょう。でも、これだったら出していいかなというのをこないだ作ったんです」

メニュー表のいちばん下に「浅煎り　タンザニア」とあるのがそれだ。

飲ませてもらうと、すっとしている。味がすっきりしている、ということに加え、背筋がすっとしている、というようなまっすぐな印象を受けるから、そういう感想になる。とはいえ『六曜社地下店』のコーヒーはどれもその芯には、すっとしているところがある、それが個性であるとも思っている。

さて、私のほうはといえば、十二年前のメモを久しぶりに取り出してみて、当時は全く噛《か》み砕けなかった部分があったと分かった。修さんは大衆酒場が好きで定休日には大阪の『明治屋』に行く、と言っていた。そのくだりのメモはとってはあるものの、ぴんとこないまま書き写していて、修さんはそういう趣味の人なんだな、と、他人事としてとらえていた。その後、自分がそういうところばかりを飲み歩くようになり、こういう気楽さ、何気なさに修さんは触れていたんだなあとようや

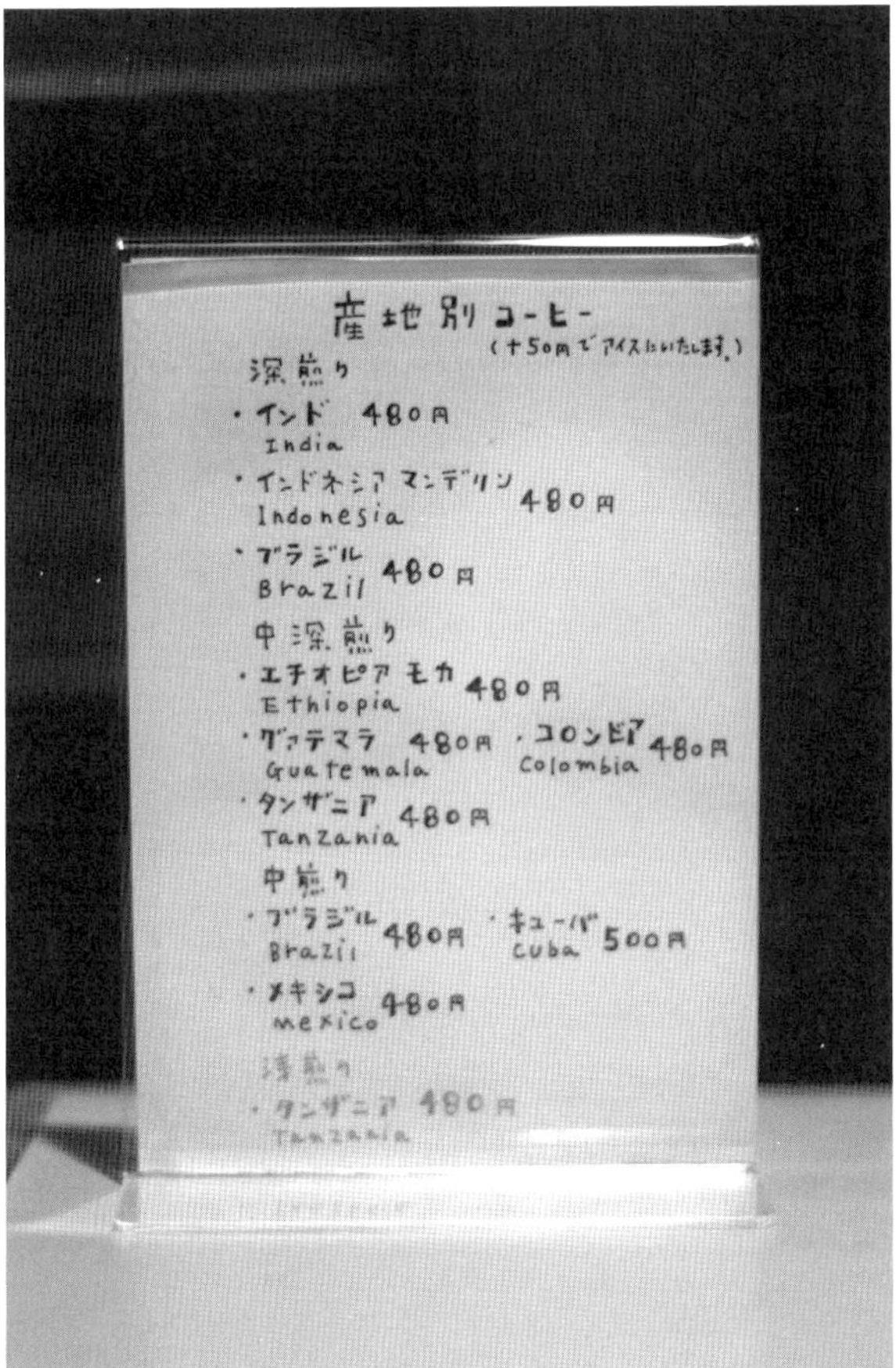

『六曜社地下店』の卓上にあるコーヒーメニュー

く分かった。

「そのときいちばん安い素材を仕入れてきて、なにがしか店の人が手を加えて、努力しておいしいところまで持っていったやつを、すごく安く出すのが大衆居酒屋の王道」

修さんの大衆酒場についての言葉には、自身の仕事に対する姿勢と通ずるところがあると思う。

月日を経て変わったことは他にもある。

「韓国、中国からのお客さんが来るようになりました。自家焙煎店の人も視察に、必死で探りにくる。こういうのはどこに行ったら買えるのかとか、豆の種類とか、質問も受けます。アメリカで焙煎を研究してる人も来ました。今までなかった傾向です」

そして、東山三条にて『喫茶feカフェっさ』という店を営んでいた修さんの息子、薫平《くんぺい》さんがそちらを閉めて『六曜社』に帰ってくることになった。

貧乏暇なし　談◉奥野修

裏方みんなで、マスター（實さん）が残してくれた伝統をなるべく壊さないでおこうとやっていた一階に、私の息子がこの夏から入ることになりました。

でも、継ぎたいという人がいても、継げない状況だってある。

僕なんかラッキーで、ぎりぎりの線で続けられそうですけど、ほんとはなにかもうひと事件あったら駄目だったかもしれない。だから、継ぎたいんだってかたくなに思っているかといえば、実は出たとこ勝負でうまくやれてるだけかもしれない。継いでいこうという強い意思は息子のほうがありますね。百年続ける、と、最初から言っているもんね。ほんまかな、と思うけど。

今、お店一軒成功したら二軒目三軒目出すのが成功だと思ってる人が多いような気がするんです。手を広げすぎてつぶれちゃってるとこも多いですね。京都では、ある和菓子屋さんが、全然デパートにも出さないでずっと続けているのを、自己抑制の形を目の当たりにすることができる。ああいうやりかたでいけるんだ、そういうのはいいなあ、と思いますね。

コーヒー豆のハンドピック（※）は、大量生産するなという足枷《あしかせ》。豆焼く前に、駄目なやつを一回一回自分で取ってたら、大量生産できないでしょ。おいしくするということよりも、コーヒーに関わっている最低賃金の人たちと気持ちを同じにするという意味合いがハンドピックにはあるのね。

実際、コーヒー屋がきれいな仕事かといえば、無理ありますよね。外国でしかできないもんをね、買ってきて売るという仕事ですから。

ごはんが食べられるぐらい、それ以上は目指さない、人のものを搾取しない。貧乏暇なし、というのがいちばんいい路線かなと思います。それはね、コーヒー屋以前の問題で、自分の人生をどう使うかということ。でも、ただ単に旨いコーヒーだけを求めているコーヒー屋の人にそういう話をしても、全然通じないんですよね。そこはちょっと残念。

『京都カフェ案内』から

六曜社ガール　文◉橋爪肇子

街のライブを背に階段を下り、ドアをグッと押す瞬間が少し気持ちいい。地上からぼんやりと光が射すドアの窓から、街を行き来する人々の足が絶え間なく交差するのが見える。まるで自分だけ違う世界に来たような気分…私にとって六曜社は人ごみに疲れた心身を癒す、ちょっとした隠れ家的存在というところ。映画が始まるまで、まだちょっと時間がある…「どこで時間をつぶそう?」あれやこれやと考えて、向かってしまうのはやっぱり六曜社。「さて、今日は何を飲もうかな?」と、本当はもう決めているのに落ち着きなくキョロキョロしながら考える。ジャンゴ・ラインハルトのレコードの前に並べられた艶々のコーヒー豆が入った瓶とショーケースの中にきれいに並んだかわいいドーナツを見ると、なぜだかいつも幸せな気持ちになってしまう。何気にお店の隅の方に立て掛けてあるレコードを見るのも私の楽しみの一つ。そして、マイルドブレンドとドーナツをいただく。いれたてのコーヒーを一口した時の、熱いものが心身のすみずみにまで行き渡るやわらかい衝撃が何とも言えず、爽快。コーヒーがコーヒーでないような、そんな美味しさにほっこりする。

街中とあって休日ともなれば、次から次へとお客さんがやって来て、あッという間に満席となることもしばしば。どんなに忙しくなっても修さんのスタイルは変わらない。コーヒー豆にお湯をさすなめらかな手つきからは、一杯一杯のコーヒーに対する愛情が感じられる。その隣では、白いサロンをきれいに結んだウェイトレスの女の子がせっせと忙しそうに働いている。一生懸命なのにどうにも空回りしてしまっている様子がお気の毒だけど、微笑ましい。——と、お客さんとしてコーヒーを飲みに来ている時は、こんなことをいつも考えている私。六曜社でウェイトレスを始めて、はや五年が経とうとしている。未だベテランにもなれない私は、いつまでも新人気分が抜けず、コーヒーを出す毎日が新鮮で楽しい。そういえば、ちょっと背伸びしてコーヒーでも飲もうかなと、初めて入ったカフェが六曜社だった。朝の空気がまだ少し残っているお昼ごろの六曜社が一番好き。こんな素敵なカフェがそばにある京都に生まれてよかったと、つくづく思う今日この頃。

続・六曜社ガール　文◉小堺肇子

六曜社で働くことが楽しくて毎日を過ごしていたら、あッという間に月日は流れ、ウェイトレスだった私は一階のお店で珈琲を淹れる仕事をするようになりました。十七年も経つと、仕事の前や後にぷらっと寄ったヴァージン・メガストアや丸善、子どもの頃からあったスカラ座をはじめとする大きな映画館も、高校生の頃から通い始めた朝日シネマも河原町から次々と姿を消し、街の風景は随分と変わってしまいました。変わりゆく街と同様に、人々にとっての喫茶店という場所のありかたも変わってきたように感じています。少し前まで携帯電話は通話しかできなかったし、たばこの煙を気にする人もそんなにいなかったように思います。そんなちょっとした時代の流れを感じながら、私は今日も六曜社に立っています。

毎日お店に立っていると、携帯電話をツンツンしなくても何となしにいろいろな情報が集まってきたりするもので、自分が「喫茶店」という場所で働いているということ、寂しくなったとはいえ河原町が京都の中心地なんだということを改めて思います。そして時代に流されない六曜社を実感します。昔と変わらない、清水焼の深緑色のタイルと灰皿、マッチ、深紅の花瓶の百合の花、ずらっと並んだ新聞、水槽から射す優しい光、真っ白なサロンをして働くウェイトレス、ホッと珈琲を飲むお客さんたち……。私はそんな六曜社で働けるだけで幸せです。マスターとママが作ってこられた六曜社を、私と同じ想いで働く六曜社ガールたちと一緒に守っていくことが、いまの私の仕事だと思っています。

マスターは七年前に亡くなられたのですが、一緒に働いた時間が長かったせいか、未だに亡くなったという実感が湧きません。夕方になると、仕事の後のビールのおつまみが入ったピンク色の袋を、いつものようにぶら提げて今日も出勤してきはるような気がします。ママは今も元気で、お店に立って珈琲を淹れながら、いつまでたっても半人前の私をはじめとする六曜社ガールたちに〝六曜社のいろは〟と〝女性としてのいろは〟を教えて下さっています。そして今夏から、私が働き始めた頃はまだ野球少年だったマスターとママのお孫さんが一階のマスターとして働くことになり、六曜社の歴史がこれからも続いていきます。

水槽の向こうに見える街行く人を眺めている時にふと、六曜社のある京都に生まれてよかったなと、『京都カフェ案内』が出た十二年前と変わらず思う今日この頃です。

※ハンドピック　焙煎の前と後にコーヒー豆をひと粒ひと粒点検し、成熟が足りなかったり、乾ききっていなかったりという「欠点豆」を取り除くこと。専ら手作業。

「平熱」としての京都の喫茶店

対談　鷲田清一　木村衣有子

鷲田清一（わしだ・きよかず）
哲学者。一九四九年京都生まれ。京都大学文学部哲学科卒業、同大学院文学研究科哲学専攻博士課程修了。関西大学教授、大阪大学教授、大阪大学総長を経て、現在大谷大学教授、せんだいメディアテーク館長。専攻は哲学・倫理学。『モードの迷宮』『じぶん・この不思議な存在』『メルロ＝ポンティ』『「聴く」ことの力』『「待つ」ということ』『顔の現象学』『「ぐずぐず」の理由』『〈ひと〉の現象学』など著書多数。みずからが半生を過ごした京都について綴ったエッセイに『京都の平熱』がある。

二〇一三年六月十七日
京都・六曜社珈琲店にて

鷲田　（店員さんに）ぼくはブレンド。

木村　私も。今日はよろしくお願いします。

鷲田　こちらこそ。

木村　この本の旧版にあたる『京都カフェ案内』を出したころまで、京都に住んでいたんです。『喫茶ソワレ』でウェイトレスをしていました。学生のときには、恵文社一乗寺店で働いていました。

鷲田　ああ、京都にいらっしゃったんですか。

木村　はい。鷲田さんの『京都の平熱』を読んだとき、喫茶店に触れてらっしゃるページがあってうれしいなと思いました。特に、佐々木幹郎さんと話された、京都は喫茶店に象徴される場所ではないかっていう話を、もうちょっとうかがってみたいなと思って、今日は対談をお願いしました。

懐かしの列車席

鷲田　『京都の平熱』で取り上げた二〇六番のバスが通るところは、そんなに喫茶店がないんですよね。固まってあったのは百万遍と丸太町あたりぐらい。でも、もうだいぶなくなってる。ジャズ喫茶とクラシック喫茶が減った。音楽喫茶というかね。

木村　私が働いていた『喫茶ソワレ』は、音楽がないお店だったんですよ。周りに名曲喫茶が多かったから差別化を図ったのかなと思うんです。

鷲田　『みゅーず』とか、『るーちぇ』とか。

木村　そうです、『フランソア』とか。『るーちぇ』、私は知らないんですよ。

鷲田　『るーちぇ』、知りません？　列車席もあってね。

木村　列車席？

鷲田　列車席っていうのは、座ると、みんな同じ方向に向くんですよ。だから、ふたりきりになれる。出《で》町柳《まちやなぎ》の『柳月堂《りゅうげつどう》』がその典型で、映画館みたいにみんな同じほうを向く。正面にすっごく大きなスピーカーがあってね。

『京都の平熱』は七〇年代の京都

木村　喫茶店によく行かれたのは京大に通われていたころですか。

鷲田　高校・大学の間ですね。高校のころは、『るーちぇ』か河原町ばっかり。大学へ入ったら、百万遍とか丸太町が中心になったけど。

木村　左京区のほうですね。鷲田さんが大阪で働くようになったのってけっこう早いんですよね。

鷲田　二十八から六十一までかな、ずうっと。

木村　お住まいは、ずっと京都だったんですか。

鷲田　そうですね。

木村　じゃあ、京都にどっぷりなのは、二十八歳までといまですね。『京都の平熱』は、どっぷり京都にいた昔の時間が下地になっていますか。

鷲田　もちろんそうですよ。だから、若いときの話が多いよね。学生時代の話、思い出が多い。小学校から大学生まで。

木村　私は、一九九四年から二〇〇一年まで京都にいたので、『京都の平熱』とちょっと同じところもあれば、もう自分は知らない景色もありましたね。

鷲田　大体七〇年代までの京都です、『京都の平熱』に書いてあることは。

四十年前とは学生の気質が変わった

木村　月並みな質問なんですけど、そのときの京都といまの京都は比べてどう思いますか。

鷲田　なにがちがうんだろ、あまり変わらないような気がするけれど。ただ、学生の気質が変わった。あのころは、学生はとにかく暴れたり、縦横無尽に街にあふれてたから。あのころは街に出ないとなにもできなかった。映画を見ることもできないし、音楽を聴くのもそうだし、要するに自分の部屋に大したもんがない。もちろん携帯もないしね。だから、繁華街に出ないと楽しめない。いまだったら本屋さんに行かなくてもネットがあるし、音楽もダウンロードできるし、ビデオがあるから映画館へ行かなくてもいい。そういう意味では、街に若い子があふれて文化をつくるということはあんまりなくなってるんじゃないかなと思います。

木村　なるほど。それじゃ、京都が変わったというよりも若者全体が変わったんですね。

鷲田　ライフスタイルがはっきり変わってるんじゃないかな。ぼくらが学生のころ、寺山《てらやま》修司《しゅうじ》がね、若者はみんな貧乏だけど、街が自分の部屋だと思ったらいいと言った。

木村　『書を捨てよ、町へ出よう』。

鷲田　そうそう、本棚は本屋さんが自分の本棚だと思ったらいいし、レコード屋さんは自分のレコードの棚だと思ったらいいって、そう思えばリッチな気分になれるって書いてるけれど。いまは部屋の中にほとんどあるから、街との関係が変わってる。ぼくらが学生のときは、下宿してるやつなんかは、みんな近所の食堂のお世話になった。食堂のおっちゃんおばちゃんとしゃべって、顔を覚えてもらって、お金ないときには手伝いして、かわりにおごってもらうみたいな、そういう交流はいまは、もうほとんどなくなってる。だから、学生と街の関係が結果的に変わった感じで、街自体は変わってないんじゃないかな。ビルが増えたとかはあるけれどね。

そうか、劇的に変わったところがひとつある。河原町が地方都市の繁華街になって、京都でなくなった。ほんとに減ったな、映画館、本屋さんが。

木村 そうですね。それと比べると、喫茶店って、昔からあった店がなくなってるところももちろんありますが、けっこう新しく、またできている。数はそんなに変わらない気がしますね。

「使い回し」文化がおもしろい京都

木村 マンガミュージアムの裏側あたりに、昔、『セブン』っていう喫茶店があったのわかります?

鷲田 知らないな。

木村 四十年ぐらい前からあったお店が数年前に店を畳んで。でも、『セブン』をやっていたあるじの息子さんの知り合いがもったいないということで、そこをそのまま居抜きで、ちがう名前でお店をやってるんですね。『マドラグ』っていうお店にして。ただ、その『セブン』のときの看板をそのまま残していて。『京都の平熱』にも出てくる木屋町の『みゅーず』もお店を閉められましたよね。『マドラグ』では、『みゅーず』のソファとカトラリーを譲り受けて、それをお店で使ってるんですね。町家ではなくて、喫茶店の居抜きでやっているっていうのはおもしろいなと思って。そういう気持ちで『京都の平熱』を読みかえしてみると、京都の使い回し文化っていうことも書かれていますよね。

鷲田　着物が、まずいちばんの使い回し。着物は代々、おばあちゃんから娘・孫というふうに受け継がれたけれども、着られなくなってきたら布団のカバーにしたり、テーブルクロスにしたり、最後は雑巾《ぞうきん》にまでして、最後まで使う。あれが使い回しの原形とちがうかな。京都は小学校が廃校になって、それの使い回しもものすごく上手ですね。芸術センターとか、マンガミュージアムとか。

木村　芸術センターはほんとにびっくりしました、こういう発想があるのかって。

鷲田　あれ、いい感じでしょ。あそこにある喫茶店もいいじゃないですか、教室か職員室かなにかを喫茶店にして。

木村　『前田珈琲』ですね。

鷲田　もう世界語になったけど、「もったいない」という感覚が、関西人には色濃くある。あと、始末するということ。始末って倹約することなんだけども。

木村　始末っていうのは、大阪とか周りの都市よりも京都に強い感覚だと思いますか。

鷲田　京都とか滋賀はそういう意識が強いですね。大阪のひとはどうだろう、大阪は始末というよりも値引き。ま、け、るという文化だね。これ「勉強しとく」とも言う。大阪のひとがおもしろいのは、普通はまけてもらって安く買ったっていうのは、ちょっとそんなことを交渉するって品がないとみんなが思うのに、大阪のひとは自慢する。「これ、いくらでこーたと思う？

五百円やでー」なんて言って、それを自慢話にする。そこがおもしろい。それはケチいうのと、ちょっとちがうのね。そういうゲームを楽しんでる。

木村　一種のコミュニケーションですね。

鷲田　大阪と京都は、とにかくあらゆる点で正反対なところがある。だから、京都に住んで、大阪で働くのは楽しかった。ふたつの文化が両方とも味わえる。関西のおもしろいところって、京都、大阪、神戸、奈良、四つとも、街の性格もひとの性格もまったくちがうし、ことばもちがう。三十分の距離でこれだけちがう文化が寄り集まってるっていうのは世界でも珍しいと思う。おたがい仲悪いしね（笑）。

大学がいろんなお店と混ざり合っていた

木村　私、大学が立命館だったんですよ。

鷲田　まだ、広小路（京都御苑の東）だったの？

木村　いや、金閣寺や龍安寺のほうに移った後でした。

鷲田　立命館が広小路にあったころは、河原町通と今出川通の交差点の出町ってとこが、まだ学生街だった。同志社と立命と京大から等距離にあるからね。広小路のときの立命は学生街っぽかった。周りに老舗みたいなお店もいっぱいあった。広小路の正門のすぐ隣に喫茶店と本屋さんがあったし、同志社だったら、正門の真向かいに『わびすけ』っていうのがあった。これもなくなったけど。大学が、いろんなお店と混ざり合っていたからね。あの時代の学生は楽しかったんだろうな。立命館は、いま龍安寺とか金閣寺が近くにあってイメージはいいけれども、街の暮らしとしては、雑然としたものはないでしょ。住宅街だから。

木村　むしろ龍安寺のお庭を歩きながら同級生とおしゃべりしたり、寺社仏閣の京都を満喫していたようにも思い出されます。

鷲田　『京都の平熱』に出てくる『シアンクレール』っていう喫茶店も旧立命館のすぐそばにあった。あの頃はNHKの早朝番組に「明るい農村」というのがあって、それは「シアンクレール」の訳だと思ってた（笑）。荒神口。『シアンクレール』は、もうなくなってた？

木村　なかったです、はい。『京都の平熱』に出てくるお店も、けっこうなくなってますよ。『進々堂』『柳月堂』はあるけれど。

鷲田　『フランソア』『築地』もあるよね。

木村　『みゅーず』は残念ながら二〇〇六年に閉店してしまいました。

学生さんは京都の資本

木村　学生時代に恵文社一乗寺店でアルバイトをして、それから木屋町の『ソワレ』で三年ウェイトレスをやって、京都のお店で働くことによって、あまり意識せずに京都の中に入ってたっていう感覚があります。お客さんが地元のひとであったり、観光のひとであったり、いろいろだし、そこにいたら、もうそのお店のひとだから京都のひとっていうふうに見られるわけで、あんまりあれやこれや京都らしさについてはそのときは考えてなかったです。

鷲田　そうだね、いまは、みんなチェーン店とかでバイトするけれども、昔の喫茶店とか料理屋さんとか、地元相手のひとの商売のとこでバイトできてたから、学生時代おもしろかったんじゃないかな。

木村　そういうところに、なにも知らない、よそ出身の学生が入れるというのは、京都のいいところのひとつかもしれないですね。

鷲田　街も学生を労働力としてあてにしてるから。京都は日本でいちばん学生の人口比が多い。一割近いでしょ。だから、街中、学生街みたいなもんですね。

喫茶店からカフェへ、そしてまた喫茶店へ

鷲田　最近は、喫茶店からカフェに時代が変わったっていう感じしますね。喫茶店が全盛のときは、ひとりっきりになるために行くところ。本読んだり、音楽聴いたり。そのころは家に密室がないから、ひとりっきりになろうと思うと、映画館に行くか喫茶店。

木村　街にいながら、ひとりになって、自分の中にこもることができるみたいな感じ、そうですね。

鷲田　いまは、みんな家でもマンションでも、自分の個室があるじゃないですか。昔は個室がなかったけど、いまは昔の家にあった縁側がない。

木村　個と街の中間の部分ですね。

鷲田　いまは哲学カフェとか、アートカフェとか、たくさんのカフェ文化があって、あれは縁側に近い。みんなが行って一緒に議論できる、おしゃべりできる、そういう場所としてカフェということばを使うわけでしょ。哲学カフェって、別にほんとの喫茶店を意味するのではなくて、みんなが集って議論をする場所っていうようなカフェということばで呼ばれてる。だから、昔の喫茶店とは一八〇度逆ですね。しゃべるためのところ、集う場所としてあるのかなと思う。

木村　なるほど。ただ、十二年前『京都カフェ案内』って本を出したときは、いま、鷲田さん

がおっしゃった「広場」「縁側」としてのカフェという意味とはちょっとちがう、もっと浮ついた感じでカフェっていうことばを冠したお店がいっぱいできた時期だったんですね。でも最近、コーヒーや軽食を軸として、ひとに過ごしてもらう場所の名前では、なんとか喫茶とかなんとかコーヒーっていう名前が多くなってきていて、あんまりカフェってつけなくなったんです。

鷲田　カフェという名前は、ほんとの喫茶店とは関係ないところで使うようになってるんだね。お茶そのものとかコーヒーそのものを味わうっていう店は増えたの、減ったの。

木村　増えました。特にコーヒーはすごく増えてるんです。京都もそうですし、大阪も東京も。自分でコーヒー豆を自家焙煎してお店をやるっていうのが、ものすごく増えてますね。

鷲田　そういう「味わう」ことに主眼を置いた店は増えてきてるわけね。お店によって、けっこうこだわりがあるみたいね。

木村　はい。今回取り上げる十五軒は、コーヒーを軸としたお店が多いです。自分がそこにいま興味があるということもあるんですが、京都だとそういうお店がたくさんあって、話の聞きがいもあるなと。

生き残る喫茶店の「軽食文化」

鷲田　ぼくらなんかのイメージだと、喫茶店というと、ランチとか、付け合わせのものの印象が強い。『イノダ』でも、『イノダ』独特のランチが出てくるじゃないですか。

木村　エビフライが挟まったものとか。

鷲田　そうそう。それから、『進々堂』へ行ったら、長いホットドッグで。ソーセージもあるけれど、ぼくはあれがお勧めなの、ポテトが入ってるやつ。
木村　ポテトサラダですか。
鷲田　それが入ってて、焼くやつがおいしい。ここ（六曜社）だったらドーナツとか、なにか食べもの込みでやってる店のイメージもあって。
木村　いまはコーヒーに対してストイックなお店が前より増えている気がするので、軽食に力を入れるっていう意味だと、十数年前のほうが、そういうことを考えるひとが多かったかもしれないですね。
鷲田　そうかもしれない。ぼくらの時代は、喫茶店でモーニングを食べるというのはしゃれてたわけです。まだまだ、貧しい時代だったんですよ。
木村　いやいや、でも、モーニングというものは喫茶店の醍醐味ですよね。
鷲田　別に特別なものじゃない、ただのトーストを置いただけなんだけれど、不思議だね。いまでもモーニングの文化ってあるの？
木村　むしろ、京都でも増えてきてる気がします。『イノダ』も、ここ十年ぐらい力を入れてるんじゃないかな。世間が、前より宵っ張りじゃなくなったのかもしれません。
鷲田　夜は早く寝て、朝にね。
木村　ええ。名古屋のモーニング文化ほどではないにしても、いま京都でも増えてる気がしますね。

喫茶店が多い街は都市度が高い

鷲田　いま、喫茶店がない都会って、ぶらっと、身分証明書なしに入れるところが案外少ないじゃないですか。丸の内なんかを歩いてたら、ブティックなんかは別にして、普通のひとがすっと入れるビルって、本当に少ない。そういう意味では喫茶店が多い街っていうのはいいですね、身分を明かさなくても、ぶらっと入れる。喫茶店が多い街は、都市性、都市度が高いと思う。東京の丸の内あたりは、逆に都市という感じがしない。

木村　あそこは、ほんとにオフィス街というか、会社の街、会社というものに属しているひとのための街だと思う。

鷲田　ぼくは、いかに大都会といっても、ああいうのは都市だと思えない。身分を明かさないで、ぶらっと、すっと入れるところが多い街が、都会って感じがしますね。

木村　『京都の平熱』で鷲田さんが「奇人がいる街は住みやすい」って書いてらっしゃいましたけれど、喫茶店が多い街は「すき間」「ゆとり」が多いのかもしれませんね。

鷲田　京都には、同じ「茶」ということばで、喫茶店に対して、もうひとつお茶屋さんってあるじゃないですか。同じ「茶」だけどぜんぜんちがう。お茶屋さんは帰るときでも、玄関あけてちゃんと見送ってくれる。すごく閉じた共同体でおたがい熟知している感じ。でも、喫茶店で見送りって絶対にしない。

木村　ないですね。

鷲田　なじみになってもかまわないというのと、匿名のまんまで通いつめることができるという、それが両立できるのが喫茶店。距離を縮めないというかね。それが喫茶店のいいところじゃないのかな。料理屋とか行ったら、だんだんなじんでいくじゃないですか。それで、お店のひとと昵懇《じっこん》の仲になっていくっていう感じだけど、喫茶店って、いつまでたっても距離が縮まらないところがあるでしょ。あれが心地いい。都会っていう感じがする。都市って、ひといきれの中に紛れる喜びと、ひとりきりになる、ほっといてもらうという両方が充足されると心地いい。それがどっちかになると、ちょっとつらいね。この距離感というのが大事になってくる。しつこくかまわれるのは絶対イヤだし、かといって、あまりかまわれないのもまた困る。小料理屋さんでも、そうですよ。ぼくが行ってるあるお店がすばらしいのはね、次になにかほしいなと思うところに後ろをすうっと通りかかる。

木村　すごい。

鷲田　お品書き見せてとかいうタイミングが絶品だね。かまわれるのはイヤだけど、かまわれないのもイヤっていう、ぎりぎりのとこでタイミングよく気配を感じてくれる。それが、ほんとのホスピタリティだと思うの。喫茶店のホスピタリティも同じだと思う。でも、それがいちばん難しい（笑）。もし京都という街が居心地がいいとしたら、そういう店が比較的多いということじゃないでしょうか。

（構成・編集部）

鷲田清一さんが2007年に出した
『京都の平熱』（講談社）。
写真は2013年の講談社学術文庫版

SALON DE THÉ FRANÇOIS

フランソア喫茶室

『フランソア』のドアを開ければ、なによりもまず、ウェイトレスたち、彼女たちがまとっている制服に目をとめてしまう。抑えた色合いがこの店にしっくり似合っている。京都の喫茶店の制服でも、ここのがいちばん感じがいいと思う。

赤い布張りの椅子のあいだを通って奥へ進むと、突き当たり左手に、レースのカーテンが垂れている。カーテンをかき分けると、もう一部屋があらわれる。その奥の部屋は禁煙室で、赤い布が貼られた椅子が並んでいるから赤い部屋となんとなく呼んでいる表の部屋は喫煙室だ。しかし、元からそんな風に単純に役割を分けるために部屋を区切っていたわけではない。創業当時、奥の部屋は洋書店だったそうだ。『ミレー書房』といった。そう、この店の名は画家フランソア・ミレーからとられている。

二十三、四歳の頃、ここによく来ていた。レースのカーテンをくぐって奥の部屋へまっすぐ向かうのがいつものことだった。カーテンを結界のようにとらえていて、それをくぐって向こう側へ行くということが自分の気持ちを落ち着かせていたのかもしれないと、今になって思う。奥の部屋には暖炉《だんろ》があって、そこには緑色をしてほぼ原寸大ほどの猫の像が置かれている。その上には仏頭が掛けられている。不思議な取り合わせでありながらこれまた不思議に調和しているその一角を気に入って、しばしばただ眺めていた。

当時の私が働いていた、四条通の向こう側の『喫茶ソワレ』もたいがい古めかしい店ではあり、日々その年季の入りように感じ入っていたが、ここはもっと古くからあるのだ。そういう場所に受け入れられていることに安心もしていた。

『フランソア』は名曲喫茶として一九三四（昭和九）年に開店した。二〇〇三年には国の登録有形文化財となっている。

今『フランソア』を守っている立野《たての》隼夫《はやお》さんに尋ねてみると、先述の猫の像は『フランソア』の初代のあるじ、立野正一《しょういち》さんの友人の彫刻家の手によるものだという。弥勒菩薩《みろくぼさつ》の仏頭も正一さんが買い求めたものだそうだ。

隼夫さんは言う。

「父はよう言うてました。カフェじゃないんだよ、うちはサロン・ド・テなんだってね」

「サロン・ド・テ」はフランス革命のとき、ルイ王朝を打倒するために、反王朝の貴族、ブルジョアジーや学者たちが集まった場所で、カフェは勤労大衆のもの、隼夫さんはそう説明してくれた。

「初代が目指したサロン・ド・テ、それを守っていきたいと思っています」

開業当時、コーヒー一杯は十五銭だった。戦前の京都でわずか一年半のあいだ発行されていた一部三銭のタブロイド新聞「土曜日」を、この店ではコーヒーを飲んだお客には持ち帰ってもらってもいいように買い取っていた。「土曜日」のサブタイトルは「憩《いこ》ひと想《おも》ひの午后《ごご》」とあり、戦争の予兆が見えはじめていた時代、軍国主義の暗さに抗《あらが》うように、映画や文学、音楽、美術などにつ

いての軽やかな明るい記事を届けていた。当時「土曜日」は喫茶店にて主に売られており、『フランソア』の他にもこの街なかの『バックストリート』『異人館茶房』『夜の窓』などあちこちに置かれていたそうだ。それらの店はもう今はない。

一九七〇年代、フランソアは東京は銀座、成城に二軒の支店を構えていたらしい。そこを任されていたのが隼夫さんだ。十年ほど続いた東京支店はやがてたたまれることになる。その後、隼夫さんは神戸の北野で洋菓子作りの勉強をして、芦屋に自分の店を持った。

「芦屋ではだいぶ鍛えられましたね。お客さんの口もうるさいし、有名なお店がいっぱいありますから。芦屋にお店出して五年目に阪神淡路大震災があって、もう普通のお菓子作る気にならなくてね。マフィンと一杯一〇〇

竹内まりやの名曲「不思議なピーチパイ」から隼夫さんが発想したピーチパイ。他にも洋梨のシャルロット、ザッハトルテなどはとりわけ人気がある。冬場にはタルトタタンも用意される

円のコーヒーを出しまして。それがけっこう工事をしている人、近所の人などにうけてね。まあ赤字でしたけどね、一年間頑張りました。その後こちらへ戻ってきてから、芦屋時代に基礎固めしたお菓子をメニューに加えました」

本物志向だった父　談◉立野隼夫

父は性格的に、ごまかすのがきらいな人でしたから。やっぱり本物志向でした。例えば、コーヒーでも、ほんとうにおいしい、自分が納得したものをお客さんに出しなさいと。

父は市立絵画専門学校（現・京都市立芸術大学）予科の日本画の学生で。もともと芸術が好きな人でしたから、社会運動に参加して、絵をやめたけども、やっぱり絵に未練はあった。だから絵の蒐集もやりましたし、音楽も好きで、アメリカ製の蓄音機を置いてました。『イノダコーヒ』先代の猪田七郎さんとも親しくて、ここをオープンするとき、イノダさんが応援してくれたんですよ。イノダさんは、コーヒーの自家焙煎、卸専門で、当時は喫茶店はやってらっしゃらなかった。イノダさんがおいしい豆を卸してくださったからこそできたって父は言うてましたね。

母は働き者で、商売が上手な人でした。両親がここで「志」をもって築いた店ですから、僕は両親の真似はできないけども、この店を守り抜くために、今後ともおいしいコーヒーとおいしいお菓子を探求していこうと。これからの課題は、ひとつはテイクアウトできるお店を作ることと、お菓子をもう少し充実させること。それからもうひとつはね、コーヒーの生豆《きまめ》を自家焙煎してオリジナルのコーヒーを作り上げる。父としては将来は自分で、豆をね、煎ってみたいなという気持ちもあったんです。父の秘めたる願いだったんです。

CAFÉ VIOLON

カフェ・ヴィオロン

「あの世の入り口でコーヒー飲めるなんて、と言って下さるお客様もいます」

『カフェ・ヴィオロン』があるのは、六道《ろくどう》の辻《つじ》と呼ばれる界隈だ。

「ここはあの世とこの世の境目と言われています。六道珍皇寺《ろくどうちんのうじ》の本堂裏にはあの世に通じる井戸があるとか」

松原通り沿いの『ヴィオロン』に向かって右隣には「幽霊子育飴」が名物の『みなとや』もある。

『ヴィオロン』のあるじ、足立英樹《あだちひでき》さんと妻の絵利子《えりこ》さんは、喫茶店を開こうと物件を探していて、たまたまこの街に越してきたのだった。人懐っこさのある街だ。京都でうどんといえばここ、だと信頼している大衆食堂「力餅食堂《ちからもち》」や、地元密着型のスーパーマーケット「ハッピー六原《ろくはら》」、それらと並ぶ家々の一軒一軒に、人の声や体臭、煮炊きの匂いが染み込んでいるから、たとえ道中、生身の人とすれちがったり言葉を交わしたりしなくても寂しくないような街なのだ。こういう界隈を歩いているときにいちばん、ああ、ここはたしかに京都だなあ、そういう感慨を深くするようになった今の私である。

「もともと家内とは『フランソア』で出会って、将来、一緒に喫茶店ができたらっていう話をしていました」

英樹さんと、同僚として二年余りの時間を過ごした『フランソア』を絵利子さんは振り返る。

水出しアイスコーヒーは「Oji」のウォータードリッパーを使い、8時間かけて抽出する

「花瓶であれ額縁であれ絵画であれ、ひとつひとつのものが高価なもの、先代が集めていたコレクション、掃除するにも、はたきをかけるにも慎重に扱っていました。そういった〝もの〟にはとても近付けないですけど、フランソアの空気には、少しでも近付けたらと思います。いちばん影響を受けたのはクラシックかもしれない。それまでほとんど聴いたことなかったんですけれど、ふたりともはまってしまったんです、フランソアで」

『ヴィオロン』に名曲喫茶の趣があるのはそのせいだ。

英樹さんはこう言う。

「ネルドリップのコーヒーを飲んだのは『フランソア』が初めてでした。あそこはネルの十杯立てで、うちは一杯立てなんですけど、基礎を学んだのは『フランソア』ですね。ネルだとコーヒーの味が柔らかくなりますし、味の表現に可能性があります」

英樹さんは岐阜の生まれ育ちで、大学入学を機に十九歳で上洛した。コーヒー豆はその岐阜の『山田珈琲』から仕入れている。そして東海名物のモーニングも実は用意されている。

「小さい頃からモーニングは家族で食べに行っていました。思春期の頃も、親と会話なくともついて行って、黙って食べた思い出があります」

懐かしさと憧れ《あこが》と、そのふたつが軸になっている喫茶店はやっぱり、いいものだなあ。

CAFE DE CORAZÓN

カフェ・デ・コラソン

コーヒーを淹れる川口勝さん

『カフェ・デ・コラソン』のあるじ、川口勝《かわぐちまさる》さんは長いこと東京は山谷の『カフェ・バッハ』（※）の店長を務めていた。

私は『バッハ』には二、三か月に一度行くくらいで、熱心に通い詰めているとはとてもいえないふわふわした客にすぎない。なのに『コラソン』の扉を開けるやいなや「お久しぶりです」と挨拶《あいさつ》され驚いた。たしかにこちらも川口さんの顔は見知っていたが、注文の他に個人的な話をしたことはなかった。むろん、行きますよ、と予告もしていなかったのに。日々、喫茶店で働く人は、お客のことをこんなにきっちり記憶にとどめておいてくれているのか。そのことにもあらためて驚かされた。

ちょうど十年『バッハ』で働いていた川口さんは、昨年から縁あってここでコーヒー豆の焙煎をはじめ、今年、喫茶店を開いたところだ。

カウンター越しに、コーヒーを淹れる手元を眺める。『バッハ』にもやっぱりあるカウンターにお客が並んで腰掛け、お喋りしながら、うれしそうにコーヒーを飲み、ケーキに舌鼓を打っているいつもの情景を思い出してみた。

「『バッハ』は僕が入った頃にはもう何十年も『バッハ』であり続けていました。おう久しぶり、最近どう、って気さくに喋っているお客さんたちも、実は最初は知らない人同士で『バッハ』でよく顔を見かけるからだんだんと話すようになっていったんです」

自身の店を持って、そのはじまりの段階を見届けている最中だという。

「たまたま通りがかって、喫茶店あるからお茶でもしようか、ではなくて、お茶飲むんだったらコラソン行こうよと、そう言ってもらえるように、ここを目指して来て下さるような店づくりをしないといけないと思います。人通りの多いところに出て行くのではなくって、人の来てくれるような魅力をもった店づくりをしたい。コーヒーにはやたらと『こだわり』という言葉が引っ付いてくる。今はみなさんプラスの意味でしか使ってないですけれども、よくよく考えたら実はマイナスの意味です。些細《ささい》なことに執着しているような。こだわりではなく、まっとうなことをきちっとやるコーヒー屋を目指しています」

※カフェ・バッハ　東京・山谷にて田口護さんが一九六八（昭和四十三）年に創業した自家焙煎のコーヒー店。「よいコーヒー」をモットーとしている。ここでコーヒーの勉強をして巣立っていった人たちの店は全国各地に数多ある。

CAFFÉ VERDI

カフェ・ヴェルディ

「京都行くの？　いいなあ。じゃあ、どこかでコーヒー豆買ってきて」

そんなざっくりしたお願いごとを聞いてくれた人から手渡されたお土産は、下鴨の『カフェ・ヴェルディ』の豆だった。

淹れてみると、すっきりしていて、素直においしい。豆と合わせて店の地図をもらった。よく自転車を走らせていた下鴨本通に、こんなに爽やかなコーヒーを飲ませる店ができたんだなあ。

それからしばらくのちのある朝、その『ヴェルディ』に行った。モーニングのBセット「自家製ジャム付きトーストとコーヒー」を注文する。コーヒーはもちろんのことだが、山食のトーストがびっくりするくらいおいしかった。バターがよく染みていて、かりっとしていて、口の中でもさもさしない。さらにいちごジャムを載せると、ちょっとしたごちそうだ。

『ヴェルディ』のあるじ、続木《つづき》義也《よしや》さんは、そのおいしさのひみつを詳細に解説してくれた。

「トーストは、裏面に霧を吹いて、一回焼きます。表面がきつね色になって裏が真っ白な状態になって。そこで表面にバターをたっぷり塗って、もう一回焼くんですね。油が塗ってあると、表面はなかなかそれ以上焼きが進まない。で、裏だけ焼けて、表面と同じ色になります。表面はバターが浸透して、フライドブレッドにもなっているんです」

京都の街であちこちに目立つものといえば、喫茶店とパン屋だ。私がそれらをとりわけ好いているゆえの思い込みではなくて、事実、京都の人の日常に喫茶店とパンはきっちり組み込まれている。

「京都市の一世帯あたりのコーヒーの消費量は常に一位か二位です。同時に京都はパンのほうでも常に一位か二位なんですね(※)。やはりパンが売れる街というのはコーヒーも売れます」

かつてはパンの仕事に携わっていた続木さんだが、とてもお世話になった人の「ものすごく幅の広いパンの世界を掘り下げていくよりも、コーヒーという一点突破のほうが君の性格に合ってるんじゃないか」という言葉に動かされ、焙煎の勉強をしてみようと思い立った。

店の奥には焙煎機がある。見覚えのある色だ。『バッハ』と同じ緑色だ。形ではなくて色で記憶しているくらいだから、焙煎機という機械について私は明るくない。

『バッハ』で使われているのと同じ型の焙煎機、これはどれくらい頼りがいがあるものですか、と続木さんに尋ねてみた。

「この機械でなかったら焙煎中、私はずっと横についてないといけないです。極端に言えば、私は最後の瞬間だけここに居ればいい。焙煎の勉強そのものは『バッハ』でさせていただきました。あちらで働いていたわけではなくて、通いです」

『ヴェルディ』にはいつも二十七、八種のコーヒー豆が用意されている。一日二〇kgの豆を焙煎しているという。たしかに、コーヒーが主役の店だ。でも、耳をそばだてるようにしてコーヒーに集中するお客が集まるばかりではない。コーヒーカップの中にどっぷり浸かるような気分でいるのも好きずき、カウンターで隣り合った人同士の会話を耳にしつつ、ただ、ぼんやりするのも好きずき。

コーヒー豆のハンドピックをするスタッフ。
『バッハ』と岡山の大和鉄工所が共同開発した焙煎機「マイスター」10kg用

そう『バッハ』にもそういうところがある。『バッハ』に向かう道すがらは、コーヒーの知識を得たい、と、どこか気負いもあることは否めない私でも、いざ着いてみると、近所の人にとってはここはコーヒーの店でもあるし、ゆったりお喋りができる場所であり、さらにはパン屋さんでもケーキ屋さんでもあるのだったと思い直す。ばらばらの目的を持った人が集まっていながら居心地がいい、という場所は街の中、どこにでもあるわけではないと再確認する。

「いいものを作ってそれをしっかり根付かせよう」と開かれたこの店は今夏に十年目を迎えた。「来られたひとりひとりのお客さまをいかにファンにしていくか」と続木さんが考え続けた十年でもある。

「現在、スタッフは六人います。うち、お店をやるつもりの人は三人ですかね。ふつうに時給幾らだから、という人よりも、やっぱり自分でお店をやりたいからって来てくれる人のほうが、主体性を持って真面目に取り組んでくれます」

理論とコーヒー　談◉続木義也

『バッハ』では、しっかりと焙煎の理論を学ばせてもらいました。

コーヒー屋さんはわりと情緒に流されるところがある。「長年やった経験的にこうだった」「私がやったらこうだった」そういう情緒に流されずに、理論的に味を作っていくということを田口護さんから教わりました。

要は化学反応ですから、私が焼こうが田口さんが焼こうが『コラソン』（107ページ）の川口さんが焼こうが、自然の理に適わないことはありえないんです。同じ生豆を使っているのに、素晴らしいおいしい豆ができたとしたら、それは火力と排煙のバランスだとか、その日の気温、湿度だとかそういうものがうまく作用してできたことであって、それを再現しようとしたら、その日のデータはどうだったのかを見ればいい。

いちばん最初から理論だけ詰め込んでも分からないんですけど、ある程度焙煎ができるようになってきたところからそれに合った理論を学ぶことによって、今やっていることがどういう理屈に基づいているか、こういう風なことをやって失敗したのはなぜなのかよく分かる。情緒的に考えていたら、いつまでたっても解決できません。

※コーヒー、パンの消費量　二〇一〇〜一二年の総務省統計局家計調査では、県庁所在地、政令指定都市でのコーヒーへの支出金額は京都市が一位である。また、二〇〇八年の調査では京都府のパンの消費量は全国一位だ。

WEEKENDERS COFFEE

ウィークエンダーズ・コーヒー

『ウィークエンダーズ・コーヒー』の柱は、エスプレッソだ。

「お店をはじめたのは八年前、ランチとエスプレッソとカプチーノというかたちでやっていました。コーヒーのことをもっとみなさんに知っていただきたくて、料理を作ることも好きなんですけどそこをやめて、コーヒーに専念しよう、そう思って二年前から自家焙煎をはじめました。もともとエスプレッソが好きというのが原点です。エスプレッソはほんとうにちょっとしたことで味わいが変わる。お湯の温度でも、コーヒーの詰めかたや挽き目でも変わるし」

さらには、エスプレッソ自体が変わってきている、と、『ウィークエンダーズ・コーヒー』のあるじ、金子《かねこ》将浩《まさひろ》さんは言う。変わったのは、機械だろうか、コーヒー豆だろうか、それとも金子さん自身なのか。

「全てです」

金子さんはそう答えて、えへへ、と笑った。

エスプレッソは、イタリアの言葉だ。英語にすると「エキスプレス」で、素早く絞り出された、という意味だ。専用の機械を使い、挽いた豆に圧力をかけて数十秒で抽出するコーヒーだからその名が付いた。その機械がぐんぐんと進化してきているのだという。圧力を手動で調節できるようになり、ドリップ式で淹れるみたいな、豆や湯の塩梅《あんばい》を確認しながらの感覚にだんだん近付いてきている。

「エスプレッソの概念自体も、僕らがはじめたころは、イタリアの深煎りのエスプレッソが絶対的

金子さんとエスプレッソマシン

なエスプレッソやったんですけど、中煎り、浅煎りのエスプレッソがここ最近ぐっと出てきて。今がいちばん面白いとき、こっから先がどうなっていくのか、見ものやと思うんです」

今そのときの自分のコーヒーを出していきたい、年々変わっていくだろうけれど、とも金子さんは言った。

金子さんがコーヒーに向かう心境というのは、猛獣使いのようなものなのか。それとも、育つのを助けつつ刈り取る時機を見極める農夫の心持ちのほうに近いのだろうか。

目の前に出されたまま、そのままブラックでエスプレッソを飲もうとしたら、砂糖をスプーン一杯入れることを薦められた。底に溜まったお砂糖のじゃりじゃりがおいしい、と。そうするとたしかに、ただの飲みものではなくなって、濃厚だけど小ぶりで、惜しみつつもあっさり食べ終えてしまうお菓子を思わせる。

「エスプレッソはちびちび飲んでほしくない。カウンターで、ぱっと飲んでほしい」

とにもかくにも、素早さが身上なのだ。

エスプレッソと泡立った牛乳を合わせてカプチーノを作るところを写真に撮らせてもらった。見た目にも、口当たりもとても柔らかい飲みものだ。

「泡と液体が一緒になって口に入ってくる。泡が多すぎてもおいしくない。生ビールに近いです」

言われてみればそのとおり、そうそう「ギネス」を思わせる。

AKATSUKI COFFEE

アカツキコーヒー

ガラス窓に書かれた店名の上にぽんと置かれたマークは、ぱっと見たときには帽子かな、と思う。そのうちに『星の王子さま』に登場する「ゾウをこなしているウワバミ」に見えてくる。いや「アカツキ」イコール日の出をあらわしているのだろう、と思い直す。勝手な空想ののち、店のあるじに尋ねてみると、日の出をあらわしてもいるが、挽いたコーヒー豆にお湯を落としたときの膨《ふく》らみをイメージしたのだという。そして「これ、ウワバミだよね」と問うた人は私の他にもひとり居たらしいと聞いて、妙に安心した。

『アカツキコーヒー』はもうすぐ一周年を迎える。

あるじの中島優《なかしまゆう》さんは一九八四年生まれだ。店主も、店そのものも若い喫茶店だ。

どうして「アカツキ」なのかというと、共に店に立つ妻、真由子《まゆこ》さんとの新婚の住まいが「マンションアカツキ」なる名だったところから、だそうだ。

「マンションとはとても呼べない木造のぼろアパート、そこの僕たちの部屋に、共通の友達を呼んでコーヒーをふるまっていました。友達が、またアカツキコーヒーのみにいくわ、と言ってくれて、それをそのまま使ってます」

その頃は、あちらこちらの喫茶店やコーヒー屋で買った豆を試してみていたという。

今『アカツキコーヒー』で使っているのは、元田中の『ウィークエンダーズ・コーヒー』の豆だ。

「コーヒーにのめり込んでいって『ウィークエンダーズ・コーヒー』に通っているうちに金子さんとお話しするようになりました。コーヒーに対する向き合いかた、とことん突き詰めていったり、ものすごく研究熱心だったり、そういうところをすごく尊敬しています。時々、他に全くお客さんがおられないときに厨房に入れて下さって、エスプレッソマシン自由に触っていいよって言ってくれて、いろいろ個人的にレッスンみたいなことをして下さったり、アドバイスしてもらったり。そのうち、週末に呼んでもらって手伝いながら、空いた時間に、おー、今触っていいぞ、って言って下さって。分からないことがあったら度々聞きに行ったりしてました。ほんとうに僕の先生です」

「あいつが淹れたらなんや旨いな」 談◆中島優

コーヒーしか考えてなかった。

学生時代と、卒業してからも一年、三年間アルバイトをしていた先が、清水寺のほど近くにある、食べ歩きのシュークリームやソフトクリームを売ってる店なんです。喫茶が併設されてたんですよ。その喫茶でコーヒーを淹れるようになって。サイフォンでした。攪拌《かくはん》するタイミングとか、竹べらの動かしかたとか、火にかける秒数とか、離してどれくらいとか、火加減とか、ほんまにちょっとしたことで味が違うというのが面白いなと思ったんですよね。

コーヒーをおいしく淹れられたら、かっこいいじゃないですか、男として。みんなアルバイト

コーヒーの隣には下鴨『ナカガワ小麦店』のパン

やから素人なんやけど、その中でも、あいつが淹れたらなんや旨いな、って言われたい欲があった。そっからスタートしてます。ただ、旨いなとは誰も言ってくれなかったんで、ははは……だからといって僕が淹れたらまずいわけでもなく、普通だったんです。

こいつが淹れたらおいしいと言われたいがためにいろいろ試すようになって、今もその延長にいる感じです。

まずはコーヒー屋をやりたかった。カフェではなくて、コーヒー屋。

僕はコーヒーしか学んでこなかったし、コーヒーしか上手に作ることができないんですけど、例えば他のカフェで片手間にコーヒーを出しているところはいくらでもあります。あんまりそういうところのコーヒーをおいしいとも思わないですし、真剣にやっている身として、片手間にやらないでほしいなと思います。

最近のエスプレッソやラテアートも好きですし、古くからの京都の喫茶文化もどっちも好きなんです。でも、コーヒーの味としては相反《あいはん》するものがある。どっちも自分の店でやりたい、というか、どっちが好きなお客さんも、入ってもらえるようなお店をしたいと思ったんですよ。コーヒーって、若い方も年配の方も、男性も女性も好きなものであるのにもかかわらず、若者の文化と古くからの喫茶店の文化が分かれてしまっている。それがすごくさみしい。ひとつの好きなものがあるのに、その中で分かれているというのは、もったいないじゃないですか。

TAKAGI COFFEE

高木珈琲

大衆食堂や大衆酒場があるならば『高木珈琲』はれっきとした「大衆喫茶」だ。

ノートにいろいろ書き付けていたら、店を出るお客にウェイターが威勢よく声をかける。

「おおきにまいど！」

聞き違えかな、と思った。また誰かが帰るときまで耳をそばだてていることにした。運よく、程なくもう一組のお客が席を立った。

「おおきにまいど！」

たしかにそう声をかけている。

京都に「はんなり」した雰囲気を求めてきたお客は、えっ、とたじろぐにちがいないくらい、ぱきっと威勢のいい声だ。とはいえ、店内をざっと見回したかぎり、そんな風なお客はおそらく居ないとみえる。

大衆的だな、と思えるのはそこだけではない。

新聞や煙草など、かつては大事にされていたのに、だんだん脇へ追いやられつつあるものが、ここではちゃんと居場所をもらっている。

高辻通室町に本店が、烏丸通高辻に烏丸店があって、とりわけ烏丸店は、店そのものに、人懐っこさがにじみ出ている。カウンターを中心に、隣り合った誰かや、ウェイター、店のあるじをつなぐ会話の輪がいつのまにか作られる。少し離れた席にひとり腰掛けてスポーツ新聞を読んだり、コーヒーを飲んだりしているお客ももちろんいるが、それはそれでさみしげにはみえない。「みんな」でもいいし「ひとり」でもいい。それが街なかにある大衆食堂、大衆酒場、そして大衆喫茶の風景なのだ。

実際に店を訪ねる前に『高木珈琲』の二代目、北村亮《きたむらりよう》さんに出会っていた。御陵《みささぎ》の『ガルーダコーヒー』（138ページ）にて。

亮さんは『ガルーダコーヒー』に入ってすぐ左にある焙煎室で、毎週火曜日にコーヒー豆を焼いている。烏丸店をきりもりする亮さんは『ガルーダコーヒー』のあるじ、北村ゆかりさんの夫なのだった。

火曜日は、朝七時から、休憩を挟んで夕方まで『高木珈琲』と『ガルーダコーヒー』の三軒分のコーヒー豆を焙煎する。

「オンとオフ……オフにしたらあかんのですけど、気持ち的には休まる日です」

焙煎機を手元に置いてまもなく、元『イノダコーヒ』の猪田彰郎さんに来てもらい、アドバイスをもらったそうだ。それは亮さんのお父さんで『高木珈琲』を創業した二郎《じろう》さんがかつて『イノダ』にて働いていたゆえん。

二郎さんは、こう話す。

「右も左も分からんと、あの人に聞いて、この人に聞いて、それから亮が本格的にひとりでやりだ

烏丸店に鎮座する立派なガルーダ像。
『ガルーダコーヒー』の店名はこの像に由来するそうだ

しました。こうやったらああなる、ああやったらこうなる、ということをやりくりして、今のコーヒーに至っているわけです。まあ、コーヒーばっかりは嗜好品《しこうひん》やさかい、お客さんの口もあるし、好き嫌いもあるんですけど。どうですか、おいしいでっしゃろ、とまでは言わへんけども、お客さんに胸張って出せるようになりましたね。亮も今そう思ってるはずですよ」

『イノダ』に二郎さんがいたのは一九六四年からの十年間だ。当時一緒に働いていた『イノダ』の松本定治さんは、当時のことをこう話していた。

「みんな野心家で、自分の店持ちたい言うて出て行かはりました。みんな苦労話ぎょうさん持ったはるでしょ。ほんで、松本だけが残っとる！　って、言うてはりませんでしたか？　僕ひとりだけです、残ってるの」

二郎さんがしてくれた『イノダ』の話の中には「松本さんもおぼえてます」「松本さんも知ってますわ」などと、かつての同僚の名がしばしば挟み込まれる。その名の響きは、懐かしさを含んで、こちらの耳に届く。

今、二郎さんは『高木珈琲』の本店に立っている。

『イノダコーヒ』の時代から「おおきにまいどの店」へ　談◉北村二郎

昭和三十九年から四十九年まで。十年間『イノダコーヒ』にお世話になってました。

中学校卒業して定時制高校行きながら、朝の八時から午後四時半まで『イノダコーヒ』勤めてて。五時半から学校ですねん。最初は「先生、どっか仕事楽なとこ紹介して」言うて、それで『イノダコーヒ』紹介してもろたんです。僕、コーヒーのコも飲んだことないのに。明日から来い、ちゅうことになって、はい分かりました、言うて。で、行ったんはええけどめちゃくちゃ忙しい。話全然ちゃうやないか！

奥のテラスは、常連さんとか、文化人、芸能人とか多かったですね。毎日のように見てました。特に高倉健さんなんかね。太秦《うずまさ》に来てはるときでしょうね。萬屋錦之介《よろずやきんのすけ》さん、北大路欣也《きたおおじきんや》さんとかよう見てました。東郷青児さんも、京都来はったら必ず寄らはるんですよ。

僕がいたときでも、平日でも朝から大ラッシュでしたしね。特に日曜日なんかもう、朝七時前からお客さん並んだはった、並ぶというか、たむろしてはって。今でこそ相席はしたらへんと思うんですけど、補助椅子が四十くらいあったんですよ。その椅子をばあーって持ってね、お願いします、すんませーん言うて、みんな相席してもらうんです。その補助椅子もね、なくなるぐらいの忙しさでね。ガーデンに池がありますでしょ。あのまわりにも座ってもろて。しょっちゅうでしたよそんなん。とにかく日曜日になるとコーヒー一日二千杯売ったんやからね。

それが僕の基礎になっていいます。ものすごい、ええ勉強させてもらいました。今になってよく分かるんです、社長（猪田七郎さん）の気持ちが。よう可愛がってもらいましたしね。カリスマやった。あんな人、もうあらわれてきいひんやろうな。

烏丸店の東側にある因幡堂に掲げられている提灯

もう『イノダコーヒ』の話したらきりないですよ。まあ夢のような話ですよ。今から思たら。やめたからには、イノダさんにお世話になったし、それを基礎にして自分なりに頑張ってやってみたいな思て、一国一城のあるじになるなんて、いきがって、二十六でコーヒー屋はじめたんです。丸太町病院のちょっと下で。街なかに出ていきたかったんですけど、最初はお金もなかったし、そこでやってました。

その二、三年前にね、同じようにイノダに勤めてた高西《たかにし》さんて方がね、錦（市場）の近くで、カウンターだけの、七席ぐらいのコーヒー店をやってはったんです。かに歩きみたいしながら。それがまたよう売れて！ せやけど疲れるし、僕も街なか出てきたかったし。「高西さん一緒にやろ」「そやね僕もやりたいわ」で、イノダにおった川辺《かわべ》君に話して。高西さんと川辺君と僕と、三百万ずつ出してね。九百万でここを立ち上げたんです。名前何にしよう、いうことで、高西の「た」と川辺の「か」と北村の「き」、これを濁点付けて「たかぎ」。気軽に付けたんです。そっから『高木珈琲』がはじまりました。

オープン最初、よっしゃ思い切ってコーヒーを十円で売ろう、言うて。そしたらこの狭い店にね、朝から行列ができて、二千杯でましたよ。明くる日からだいぶ落ち着いたけど、朝七時から開けて七時半くらいまでには満席になる。当時は室町が景気が良かってね。その頃はまだ、そういう関係のお客さんでごった返してました。毎日、出前だけでも二百杯ぐらいいってました。それが十五年くらい続いたかな。

高西さんのキャッチフレーズが「おおきにまいど!」で、だから自然と「おおきにまいどの店」になってしもた。入ってきたお客に、ここ魚屋かあ、って言われたことあります。やっぱり「おおきにまいど!」が味があんのちがうかなあと僕は思うんですけどね。朝早いときぱーんと気持ちのええ声が聞こえてきたら、お客さんのほうもね、しゃきっとしますわね。

「おおきにまいど!」「コーヒーおいしかったわ、また来るわな」「頼んまっさー」

いつまでもそういう感じの店でありたいと思います。

脇できらりと光るいぶし銀　談 ● 北村亮

コーヒーは農産物だから、正直おんなじ味は絶対できひん、毎回違って当たり前と思っています。よく、前と味が違うとおっしゃる方も多いですけど、あーた同じ味の野菜食うたことあるかと。豆の状態を見て、ああしようこうしようとはやりますけど、後はもう火加減だけなので、かっこよく言うと豆と会話しながらですよ。豆がぱちぱちいう音を聞きながら、おう、どうしてほしいんや、と、やってます。ふふふ。

『高木珈琲』の歴史は僕の年と一緒なんですよ。

室町通は呉服屋さんの街だったので、それが全盛のときはものすごく栄えていました。一九八〇年代から九〇年代にかけてはすごく盛り上がっていた。僕自身も、十七、八くらいからバイトに入ってたもんで、そのときの忙しさ、活気はおぼえています。本店は、呉服屋さんの若旦那や、着物来てコーヒー飲みにくる人が多かったです。烏丸店はビジネス街の雰囲気が昔からありましたね。

この烏丸店は、高西さんで成り立っていた。今はもう引退されましたが、当時は、お客さんも高西さんのファンばっかりでしたね。僕ら仕事してる者からしても一緒にやってて楽しかった。ほんとにねえ、パンチの効いてる人でねえ。自分より年上の女性は全ておねえさん、年下はお嬢さんと呼ぶんですよ。元気で、よく動き、僕みたいな若い者よりも誰よりも声がでかくて。なるべく僕もそこ目指してやってはいるんですけど。うちは何が名物ってわけでもないし、雰囲気もそんなに洗練されているわけではないし。そういう意味では人で保ってると思っています。

別にコーヒーを目当てに来てくれなくてもいいんですよ、正直ね。コーヒーは、あくまでも脇役であって。僕自身もそういう立場なんですよね。うん、いや、ほんとにね。コーヒーにもそういう思いを込めて、脇できらりと光るいぶし銀を演出してくれよ、と。あとはお客さんがみなさん自由に、元気にしていてくれたらいいいと思っています。

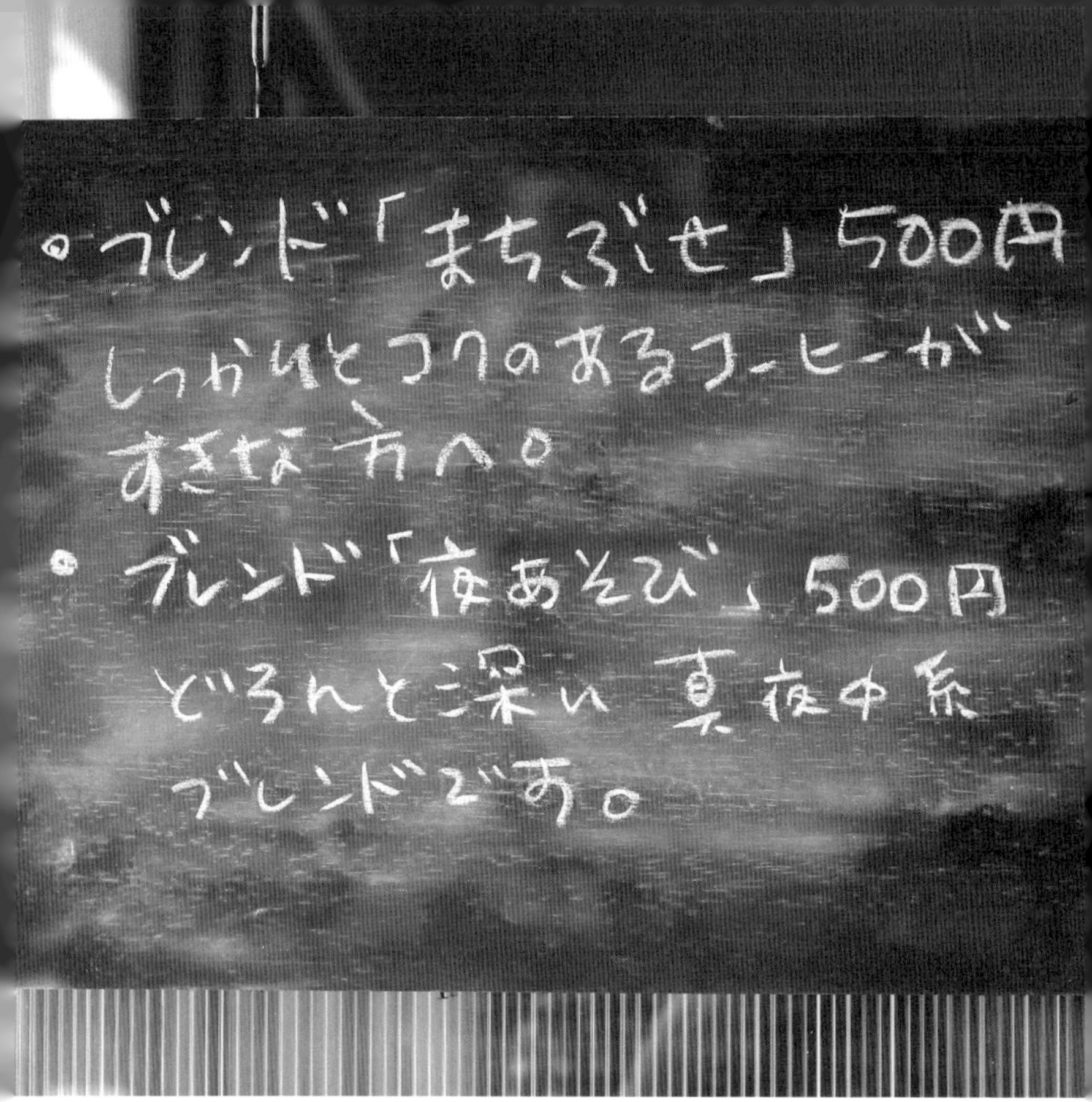
・ブレンド「まちぶせ」500円
しっかりとコクのあるコーヒーが
すきな方へ。
・ブレンド「夜あそび」500円
どろんと深い真夜中系
ブレンドです。

GARUDA COFFEE

ガルーダコーヒー

『ガルーダコーヒー』との看板を出してから数年のあいだは焙煎室の横でコーヒー豆を売るのみ、コーヒースタンドも設けていなかったが、昨年から、ここはれっきとした喫茶店となった。テーブルはひとつ、店の真ん中に長々とある。誰か他のお客と向き合い、あるいは肩を並べて共有する。「和気藹々《わきあいあい》としてもらいたくて」と、『ガルーダコーヒー』をきりもりする北村ゆかりさんは言う。

注文を受けるのも、コーヒーを淹れるのも、会計も、洗いものも、持ち帰りの豆を包むのも、基本的にはひとりでお店に立っているゆかりさんの仕事である。ゆっくりお客の相手をできないときもあるのは仕方ない。だから、勝手ですけど、と前置きして、ゆかりさんはこう言った。

「常連さんが、知らない人がいたら声をかけて下さったりするので、助かってます。隣り合った同士が喋っていてくれるのは、有難いです。お友達ができてうれしいなって思ってくれたらいいなと思います。『高木珈琲』のカウンターのあたりもそんな感じですよね。そういうのがいいなあ、と、勉強させてもらっています」

そう、ゆかりさんの夫は『高木珈琲』の二代目あるじ、亮さんである。

私がはじめて『ガルーダコーヒー』を訪れたのは平日のお昼前だった。ひとつのテーブルを、子連れのお母さん、学生男女、ひとりで本を読む女の子と共に囲むかたちになった。

「ああいう日もあるし、おじちゃんばっかりの日も、めっちゃサロンパスくさいなっていう日もあるし。でもそういう店がいい。いろいろな人が来て下さるのがとてもうれしい。なるべく女々《おんなおんな》した店にはならないように頑張ってるんです」

そう話す北村ゆかりさんは女性だ。かくいう私も女だが、女だからとて、女ばかりが集まる喫茶店に行きたいとは限らないのである。そのあたり、分かってほしいところなのだ。

そもそもは焙煎室からはじまった『ガルーダコーヒー』である。

「火曜日に夫が沢山焼きまして、足りなくなった分を私が焼き足していくんです。相性がいい豆さんと、この人やっぱりあかんのかっていう豆さんがあって、なるべく心穏やかなときに焼きたいんですけど、そもそも足りひ

定番の６銘柄と季節や天気に合わせたコーヒー豆が並ぶ

んから焼いてるという状況で、焦ってるんですよね。そこは課題です」

コーヒー豆のブレンドの配合は、どういう風に決めるもんなんですか。

「私も主人も、みんな右も左も分からなかった。試行錯誤で、昔からの定番、先人が残してくれていたブレンドの配合を試しました。ブレンドがストレートより勝っているとは思っていなくて、それぞれ混ぜんでもええやんか、というのは混ぜていません」

先の質問をしてみたのは『ガルーダコーヒー』の「まちぶせ」や「夜あそび」などというブレンドの名付けは粋だなと思っていたのもあってだった。しかし命名は意外な理由からされていた。「こないだのあれなんやったっけ、って、ずうっと来て下さっている方も名前おぼえられへん」というわけで、コーヒーの産地や豆の品種を外して、そして平仮名にしている。「お年寄りがおぼえられへんかったら、もうあかんし」ともゆかりさんは言った。コーヒーを身近なところへ置いてもらおうと心を砕いているのだ。

出会った頃はすでに亮さんは『高木珈琲』で働いていたから、ゆかりさんにとっては、まずコーヒー屋さんと結婚したわけで、コーヒーそのものを知り、好きになっていったのは、それからだった。ものすごくコーヒーが好き、というところからこの仕事をはじめたわけではない、ゆかりさんは申し訳なさそうにそんなことを言っていた。

いや、むしろ「ものすごく好き」から入っていくと、些末《さまつ》なことにこだわりたくなったり、かんたんに悲しくなったり、そして挫けたときには、裏切られた、とコーヒーをうらんだりするかもしれない。可愛さ余って憎さ百倍、というのがいちばんこわいのである。スタート地点がどこだったか、ということよりも、今はどこにいるかというほうが大事で、そして今の『ガルーダコーヒー』のコーヒーを、私はとても好いている。

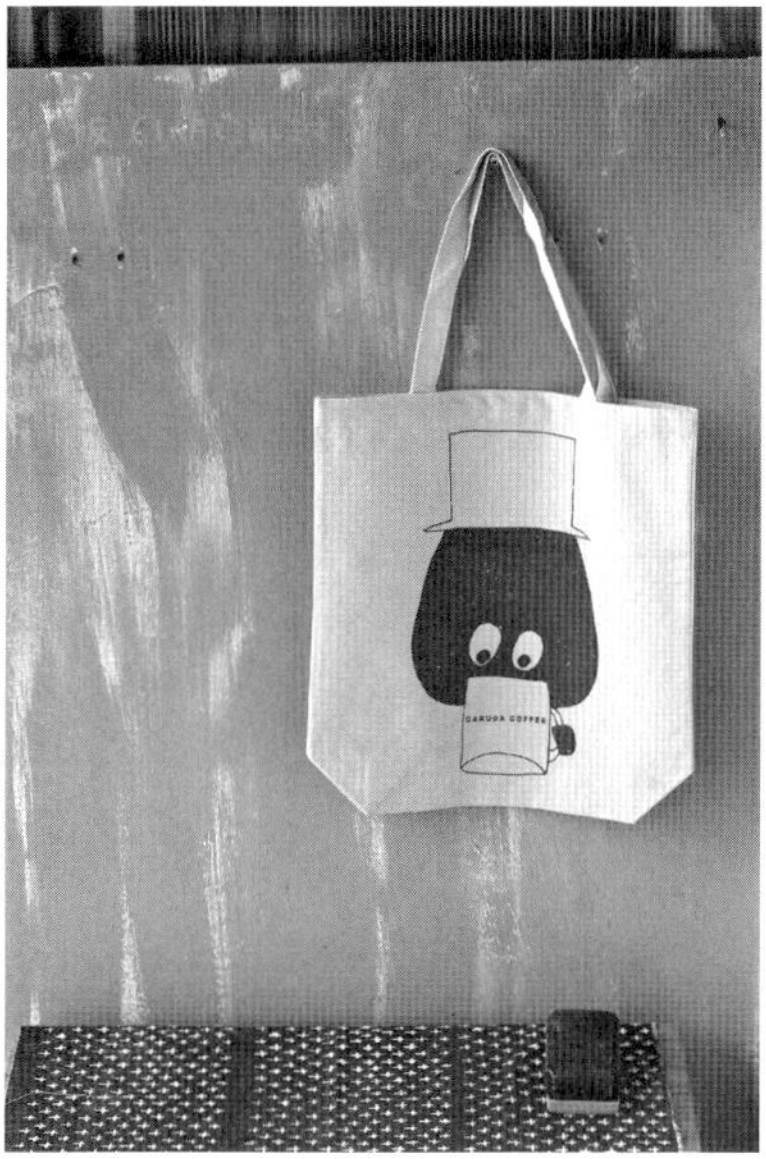

美術作家・多田玲子の描くキャラクター「アボちゃん」と
ガルーダコーヒーが組んで作ったオリジナルトートバッグ

京都と日本の喫茶店とコーヒー　年表

1872	第1回京都博覧会開催。
1877	京都駅開業。
1888	東京・上野に日本初のコーヒー専門店『可否茶館』開店（〜1892）。
1889	京都市誕生。
1890	琵琶湖疏水完成。
1894	第三高等学校開校。
1895	日本初の営業用電車・京都電気鉄道（七条〜下油掛間）開業。
1897	京都帝国大学設立。帝国京都博物館（現在の京都国立博物館）開館。
1911	「日本初のカフェー」とされる『カフェー・プランタン』が東京・銀座に開店。東京・銀座にブラジルコーヒーの店『カフェーパウリスタ』創業。コーヒーは一杯五銭。二個で五銭のドーナツも人気を博す。
	1920年代　モボ・モガが流行、喫茶店ブーム。
1928	市バス、出町柳〜植物園間で運転開始。
1930	**『進々堂』**開店。

1932	京都市の人口が100万人を超える。
1934	**『フランソア喫茶室』** 開店。
1940	**『イノダコーヒ』** の前身『各国産コーヒ専業食料品卸猪田七郎商店』創業。
1945	第二次世界大戦の戦火が京都でも激しくなる。堀川通、御池通、五条通などの大規模な建物疎開が強行され、馬町、西陣へ爆弾が投下され死傷者が多数出る。
1947	**『イノダコーヒ』** 15席の喫茶室を設ける。
	東京・新宿に名曲喫茶『風月堂』開店（〜1973）。
	東京・銀座に『洋菓子舗ウエスト』開店。
1948	**『喫茶ソワレ』** 開店。
1950	**『六曜社』** 開店。
	コーヒー豆の輸入が再開される。
	東京・新宿に名曲喫茶『らんぶる』開店。
1954	京都でテレビ放送はじまる。
1956	京都市、政令指定都市となる。
	1950年代後半　ジャズ喫茶・歌声喫茶・名曲喫茶が流行。
1963	獅子文六のコーヒー小説『コーヒーと恋愛』刊行（旧題は『可否道』）。

1964	京都タワー、東海道新幹線開業。
	東京・日本橋に『喫茶店ルノアール』一号店、開店。
1966	古都保存法公布。
	大村しげ『おばんざい 京の味ごよみ』刊行。
	東京・新宿に『談話室滝沢』一号店、開店（～2005）。
1968	東京・山谷に自家焙煎のコーヒー店『カフェ・バッハ』開店。
	名古屋に『コメダ珈琲店』一号店、開店。
1970	国鉄「ディスカバー・ジャパン」キャンペーンはじまる。
1971	**『ラ・ヴァチュール』**開店。
1972	京都市景観条例制定。
	横浜に『カフェコロラド』一号店、開店。
1976	産寧坂、祇園地区、国指定重要伝統的建造物群保存地区に指定される。
	『高木珈琲』開店。
1978	京都市電が全てなくなる。
	国鉄「いい日旅立ち」キャンペーンはじまる。
1980	東京・原宿に日本初のセルフサービスのコーヒー店『ドトールコーヒーショップ』一号店、開店。
1981	地下鉄烏丸線、開業。

1993	JR東海の「そうだ 京都、行こう。」キャンペーンはじまる。
1994	「古都京都の文化財」が世界文化遺産に登録。
1996	東京・銀座に『スターバックス コーヒー』日本一号店、開店。
2001	**『京都カフェ案内』刊行。**
2002	コーヒー豆の年間輸入量が40万トンを突破。
	『カフェ・ヴェルディ』開店。
2003	**『フランソア喫茶室』**登録有形文化財に指定される。
2005	**『ウィークエンダーズ』**開店。
2007	**『ガルーダコーヒー』**開店。
2010	**『カフェ・ヴィオロン』**開店。
2011	**『喫茶マドラグ』**開店。
	『ウィークエンダーズ』がコーヒー専門店**『ウィークエンダーズ・コーヒー』**となる。
2012	**『アカツキコーヒー』**開店。
	『カフェ・デ・コラソン』開店。
	『ゼンカフェ』開店。

おわりに

私がかつて働いていたのは、四条木屋町上ル『喫茶ソワレ』だ。

たまたまアルバイト募集の貼り紙を目にした、それがきっかけだった。喫茶店で働くことへの憧れを持っていたわけではなかったが、最初は週二日のみここへ来ていたのが半年後には週五日となり、どっぷりと喫茶の世界にはまりこむ日々を送った。

この本のための話を聞きに来たのは、梅雨入りして間もない日だった。『ソワレ』はやめてからも毎年必ず、とまではいえないけれど、二年に一回は来ていると思う。

やっぱり自分が居た店だから、あれから変わったところよりも、変わっていないところばかりに目をやってしまう。懐かしさ、というものの引力の強さはあなどれない。

あらためて、あるじの元木英輔さんに、喫茶店とはどういう存在だろうか、尋ねてみた。喫茶店を営む人に尋ねるにはあまりにも陳腐な問いだが、あえて聞きたかったのだ。

「お茶を喫しながらのんびりと、ほどほどの時間を過ごせる場所でしょうかね」

のんびり、ほどほど。

お客にのんびりしてもらうためには、迎える側はただのんびりしているわけにはいかない。しかしあれやこれやに気を使い過ぎてぴりぴりしていてもいけない、そんな人が居るところではのんびりできない。

もし自分が喫茶店のあるじだとしたら「ほどほど」よりも少し上を目指して店をきりもりするのがいいのかなあ、などと考える。そうしたら、のんびり、ほどほどの時間を過ごしてもらえるだろうか。

『ソワレ』を出るとき、なるべく長く続けて下さい、また来ます、としか言えなかった。もっと気の利いた挨拶ができなかったのか、などと、ぐるぐる考え込みながら帰途についた。が、長く続けてほしい、ということの他になにか願いごとをするなんて贅沢が過ぎる、それも事実だ。

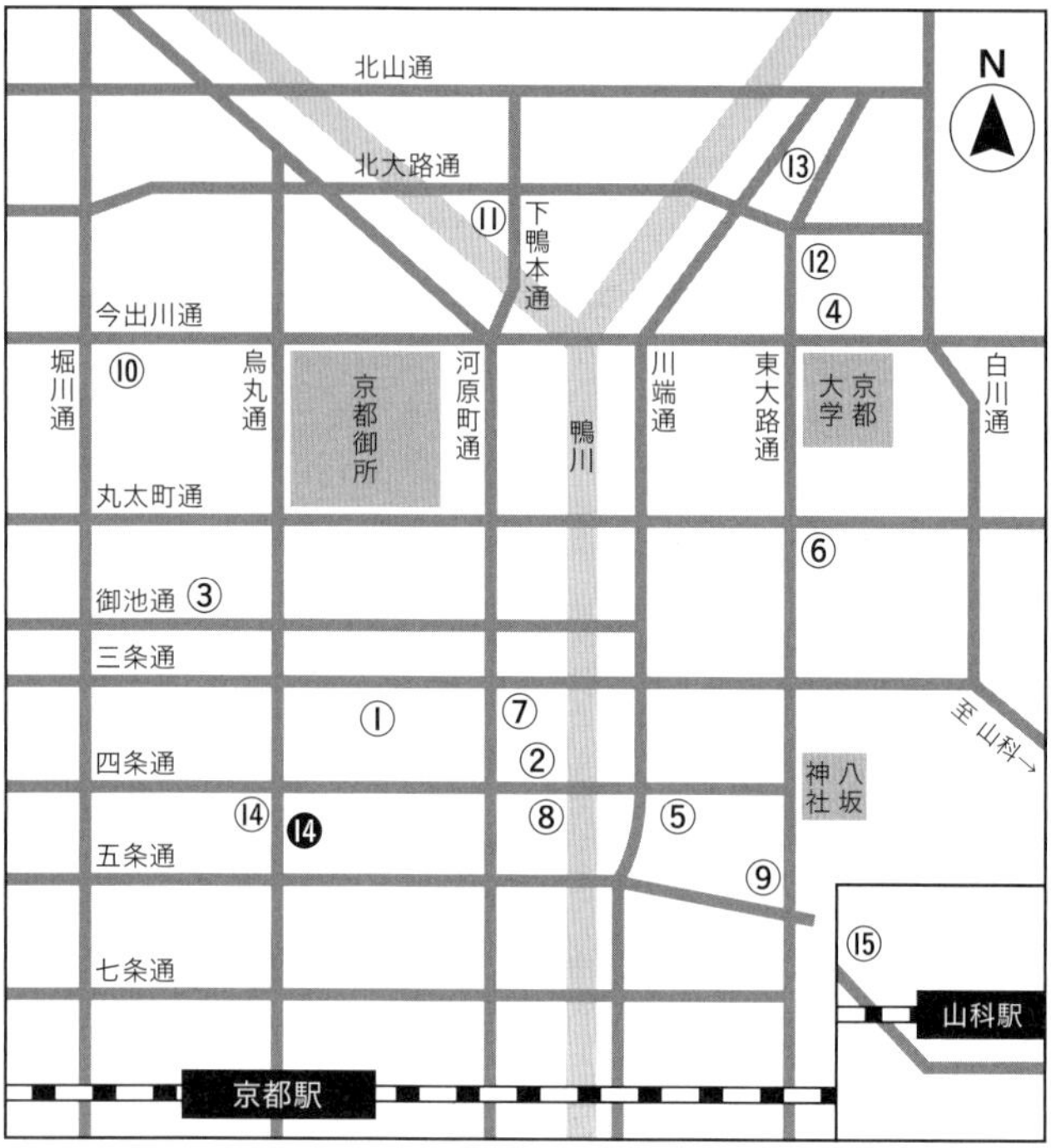

■店舗情報■

①イノダコーヒ本店
中京区堺町通三条下ル
道祐町140
☎075−221−0507
7時～20時／無休

②喫茶ソワレ
下京区西木屋町通四条上ル真町95
☎075−221−0351
12時～22時（ラストオーダー）
月曜休（祝日の場合は翌日）

③喫茶マドラグ
中京区押小路通西洞院東入
上松屋町706
☎075−744−0067
11時30分～22時／日曜休

④進々堂
左京区北白川追分町88
☎075−701−4121
8時～18時／火曜休

⑤ゼンカフェ
東山区祇園町南側570－210
☎075－533－8686
11時～17時30分（ラストオーダー）
月曜休

⑥ラ・ヴァチュール
左京区聖護院円頓美町47－5
☎075－751－0591
11時～18時／月曜休

⑦六曜社
中京区河原町通三条下ル大黒町36
【1F】☎075－221－3820
8時～23時／無休
【地下】☎075－241－3026
12時～18時（珈琲）／水曜休
18時～24時（BAR）

⑧フランソア喫茶室
下京区西木屋町通四条下ル
船頭町184
☎075－351－4042
10時～23時／無休（12月31日・元日・夏季休暇2日を除く）

⑨カフェ・ヴィオロン
東山区松原通大和大路東入
2丁目轆轤町80－3
☎075－532－4060
9時～21時／木曜休

⑩カフェ・デ・コラソン
上京区小川通一条上ル
革堂町593－15
☎075－366－3136
9時30分～18時30分／火曜休

⑪カフェ・ヴェルディ
左京区下鴨芝本町49－24
☎075－706－8809
8時～19時（日・祝は18時まで）
月曜休（祝日の場合は翌日）

⑫ウィークエンダーズ・コーヒー
左京区田中里ノ内町82
藤川ビル2F
☎075－724－8182
10時～19時
水曜休（祝日の場合翌日）

⑬アカツキコーヒー
左京区一乗寺赤ノ宮町15－1
☎075－702－5399
9時～18時／不定休

高木珈琲

⑭【本店】
下京区高辻通室町東入
骨屋町175
☎075－371－8478
7時～19時（日・祝は18時まで）
不定休

⓮【烏丸店】
下京区烏丸通松原上ル
因幡堂町711西田ビル1F
☎075－341－7528
7時～19時
無休

⑮ガルーダコーヒー
山科区御陵別所町11－11
☎075－202－6228
11時～17時／不定休

文・写真　**木村衣有子**　きむら・ゆうこ

随筆家。一九七五年栃木生まれ。一八歳から二六歳までを京都で過ごしたのち、東京に転居。二〇〇一年に初の著書『京都カフェ案内』（平凡社）を刊行する。以後、エッセイを中心に執筆を続ける。主な著書に『あのとき食べた、海老の尻尾』（大和出版）、『大阪のぞき』（京阪神エルマガジン社）、『もの食う本』（ちくま文庫）、『猫の本棚』（平凡社）などがある。酒を題材にしたミニコミ『のんべえ春秋』を刊行中。

ブログ：http://mitake75.petit.cc/
ツイッター：@yukokimura1002

京都の喫茶店
昨日・今日・明日

二〇一三年一〇月二五日　初版第一刷発行

著者　木村衣有子
発行者　石川順一
発行所　株式会社平凡社
〒一〇一−〇〇五一
東京都千代田区神田神保町三−二九
電話　〇三−三二三〇−六五八一［編集］
〇三−三二三〇−六五七二［営業］
振替　〇〇一八〇−〇−二九六三九
印刷　株式会社東京印書館
製本　大口製本印刷株式会社
ブックデザイン　横須賀拓

ISBN978-4-582-54449-7
NDC 分類番号 673.98　四六判（18.8cm）　総ページ 152
平凡社ホームページ　http://www.heibonsha.co.jp/
乱丁・落丁本のお取替は直接小社読者サービス係までお送りください（送料は小社で負担いたします）。